Ingrid Rose Fröhling

*Un*GEHÖRTES
Tierbotschaften – Heilungsimpulse
für Mensch und Tier

Für
Maja
Purzel
Lucina

Ingrid Rose Fröhling

UnGEHÖRTES
Tierbotschaften – Heilungsimpulse für Mensch und Tier

tao.de

Impressum

© tao.de in J.Kamphausen Mediengruppe GmbH, Bielefeld

1. Auflage 2014

Autorin: Ingrid Rose Fröhling
Umschlag: Sabine Schmidt [www.sabineschmidt-art.com]
Innensatz: Kerstin Fiebig

Fotonachweise
Titelfoto: Fotostudio Strauch, Markdorf
S. 10 (Nemo), S. 32 (Lucina), S. 119 (Roxy, Amma, Nemo)
Rudolf Wild [www.wildpackleader.com]
S. 32 (Purzel), S. 96 (Lucina), S. 104 (Luna)
Susanne Ganter [www.livingfabrix-halsbaender.de]
S. 74 (Fox + Shiva), Umschlagrückseite
Birgit Proske [www.freietheologie-proske.de]
Die Rechte aller anderen Fotos liegen bei den
jeweiligen Menschengefährten der abgebildeten Tiere.

Printed in Germany

Verlag: tao.de, Bielefeld · www.tao.de · eMail: info@tao.de

Bibliografische Information der Deutschen Nationalbibliothek:
Die Deutsche Nationalbibliothek verzeichnet diese Publikation
in der Deutschen Nationalbibliografie; detaillierte bibliografische
Daten sind im Internet über http://dnb.d-nb.de abrufbar.

ISBN Paperback 978-3-95802-101-3
ISBN Hardcover 978-3-95802-102-0
ISBN e-Book 978-3-95802-103-7

Das Werk, einschließlich seiner Teile, ist urheberrechtlich geschützt.
Jede Verwertung ist ohne Zustimmung des Verlages unzulässig. Dies gilt
insbesondere für die elektronische oder sonstige Vervielfältigung,
Übersetzung, Verbreitung und sonstige Veröffentlichungen.

Vorbemerkungen zu diesem Buch

Die meisten Namen von Personen, Tieren und Orten,
die in diesem Buch beschrieben sind, wurden zu ihrem Schutz
verändert. Leseranfragen zu einzelnen Geschichten leitet die Autorin
gerne weiter und überlässt es den Empfängern,
ob sie antworten möchten.

Inhaltsverzeichnis

Vor-Wort .... Seite 10
Einführung .... Seite 14

Teil I

Tiere auf meinem Heilungsweg .... Seite 23
Maja – Die Wegweiserin .... Seite 23
Purzel und Lucina Fabulosa – Die Wegbegleiterinnen .... Seite 32

Tierbotschaften: Heilungswege für Tiere .... Seite 44
Anouk fühlt die Kinderseelen .... Seite 45
Milla und das Unaussprechliche .... Seite 54
Felix und Pascha auf Stallsuche .... Seite 59

**Tierbotschaften: Heilungsimpulse für
die Beziehung zwischen Mensch und Tier** .... Seite 73
Shiva und Fox und der Auftrag für die Pfarrerin .... Seite 74
Tiere öffnen Menschenherzen .... Seite 81

Tierbotschaften: Heilungswege für Menschen .... Seite 86
Max, Chali, Chalou … und die anderen .... Seite 86
Lucina Fabulosa und die Hundeerziehung .... Seite 96
Luna sagt: Schluss mit der Mitleids-Opferrolle! .... Seite 104
Bärle, Coco und Pablo wenden das Schicksal .... Seite 109

Tierbotschaften zum Staunen und Wundern .... Seite 119
Nemo und das Wechselhäuschen .... Seite 119
Nero liebt Hühner und Birma liebt BWL .... Seite 124

Tierbotschaften als Vermächtnis .... Seite 131
Ani – Die schöne Albino-Tigerpython .... Seite 131

Teil II
Heilsame Klänge für Tiere .... Seite 159
Lucina und der Klang der Schalen .... Seite 159
Die Kompositionen .... Seite 170
Erste Erfahrungen .... Seite 178
Praktische Hinweise und Anwendungen .... Seite 183
Weitere Studien und Erfahrungen .... Seite 187

Teil III
Arbeiten mit der telepathischen Tierkommunikation .... Seite 199
Meine persönliche Praxis .... Seite 199
Das erste Gespräch .... Seite 213

Teil IV
Tierkommunikation im Alltag .... Seite 221
Praktische Hinweise und Einsatzmöglichkeiten .... Seite 221
Herausforderungen und Grenzen .... Seite 223
Vom Segen und Segnen .... Seite 228
Sind Tiere immer gesprächsbereit und sagen sie immer
die Wahrheit? .... Seite 229

Nach-Wort .... Seite 234
Dank .... Seite 237
Erklärung von Begriffen .... Seite 242
Quellenangaben und Literaturhinweise .... Seite 243
Über die Autorin · Kontaktdaten .... Seite 244

Katzensehnsucht
Himmelsblick.
Weisheitsschritte
kein Zurück.

Liebesblüten
Engelsworte.
Katzenherzen
stille Orte.

Sieh in mir
was du verloren.
Wiederseh'n
bevor geboren.

Kater Sammy, 16. Februar 2014

*Un*GEHÖRTES

Iko   *Nemo*   *Maja*

Vor-Wort

Maja: Was ist ein Vor-Wort?

Nemo: Etwas, das man vor Worte stellt bzw. das vor Worten stehen sollte … wortlos, doch fühlbar, eine Kraft, die die Worte gebiert und ihnen den Weg zu den Herzen bereitet …

Iko: Hier ist es ja grad andersherum. Die Worte sind bereits geboren, das Buch ist fertig …

Nemo: Ach weißt du, die Kraft unseres Vor-Wortes steht schon immer zur Verfügung, auch wenn es der Autorin erst jetzt bewusst wird durch uns, und es ist gleichzeitig ein Nach-Wort, also eine Kraft, die im Nachhinein in dieses Buch gelegt wird durch uns.

Maja: Glaubst du, dass die Menschen, die dieses Buch lesen wollen, unser Vor-Wort fühlen könnten, wenn es wortlos wäre?

Iko: Hmm, ich vermute, dass sie sich wundern würden, wenn auf dieser Seite nur die Überschrift „Vor-Wort" zu lesen und sie ansonsten leer wäre. Also benutzen wir Worte, die aus dem ALL-EINS über uns und über die Hand des empfangenden Menschen strömen und auf Papier lesbar werden. Auf dem restlichen leeren Blatt befindet sich das wortlose Vor-Wort, der wichtigste Teil.

Maja: Ich könnte mir vorstellen, dass es auf der Welt sehr viel anders und besser aussehen würde, wenn alle Menschen Vor-Worte benutzen würden, bei jeder Gelegenheit ...

Nemo: Ja, das kann ich mir auch vorstellen. Mit diesem Vor-Wort wird vielleicht der eine oder die andere dazu angeregt.

Iko: Dann fang ich jetzt mal an mit den Worten vor dieses Buch ... Glaubt ihr, sie können es nachvollziehen, wenn ich die gesamte Schöpfung mit einem lebendigen Organismus mit Körperteilen, Organen und Zellen vergleiche? Die Menschheit steht für ein Organ, die Tierwelt für ein anderes, so auch die Pflanzen und die Mineralienwelt. Es gibt noch andere Welten ... andere Organe.

Nemo: Ja, und viele Leser wissen sicher schon, dass die Zellen eines Organs mit den Zellen von anderen Organen kommunizieren können. In menschlichen und tierlichen Körpern geht das über Botenstoffe und telepathisch, über Schwingung. Diese Verständigung ist auch ganz wichtig, denn so erfahren die Organe, wie es den anderen geht, können selbst Alarm schlagen – und können oft sogar den anderen helfen.

Maja: Und für uns Wesen der Tierwelt ist es völlig normal, dass wir die Pflanzenwelt und die Steine verstehen, die Pflanzen wissen um uns Tiere und Mineralien, wir alle stehen im lebendigen Austausch miteinander, helfen und unterstützen uns gegenseitig.

Nemo: Dass die Menschen vergessen haben, wie das mit der Verständigung untereinander geht, ist sehr traurig. Sie wissen noch nicht einmal, dass Kommunikation zwischen allen Bereichen, allen Welten geschieht. Sie bedienen sich der anderen Organe, ohne zu fragen, ohne etwas dafür zu geben, kaufen, verkaufen und wissen doch nicht um den Wert.

Maja: Wir wissen zum Glück, dass dieses Vergessen etwas mit ihrem Entwicklungsweg zu tun hat. Und wir begleiten die Menschen so lange, bis sich alle erinnert haben, ja, das tun wir.

Iko: Wir, die wir die Kraft des Vor-Wortes in ein Vorwort bringen dürfen, sind Zellen im Organ der Tierwelt. Ich bezeichne mich selbst als einen „First-Class-Treatment-Dog", denn ich genieße viel Aufmerksamkeit und die Liebe meiner menschlichen Gefährten. Sie kommunizieren mit mir mithilfe einer Übersetzerin. So wissen sie, dass ich mit einer Aufgabe zu ihnen gekommen bin, und sie schenken mir ihre liebevolle Aufmerksamkeit auf vielfache Weise, gehen auf meine Bedürfnisse ein, hören mit Freude, was ich ihnen mitteilen möchte.

Nemo: Ja, solche Menschen habe ich auch.

Maja: Und ich hab meine Menschengefährtin daran erinnert, dass sie mich und andere Tiere verstehen kann!

Iko: Durch diese Art der Verständigung geschieht etwas sehr Heilsames und Dienliches, nicht nur zwischen mir und meinen Menschenfreunden, sondern es wirkt auch in die Beziehung zwischen Tierwelt und Men-

schenwelt hinein – den zwei großen und wichtigen Organen im Schöpfungssystem. Eine Kommunikation im Kleinen wirkt ansteckend auf das Große, macht Beispiel, regt zum Nachahmen an.
Es ist nicht der Tropfen auf dem heißen Stein, sondern der Tropfen, der etwas zum Überlaufen, also in Bewegung, ins Fließen bringt. Andere Zellen werden mitgenommen, werden inspiriert zum Austausch miteinander und zum gegenseitigen Zuhören.

Nemo: Oh ja. Es gibt noch sooo viel **UnGehörtes**, so viel zu sagen und auszutauschen.

Iko: Ich und Maja und Nemo und alle in diesem Buch mitwirkenden Tiere legen unsere Kraft in die Vision, dass dieses Buch ein solcher Tropfen sein wird, der das Fass zum Überlaufen bringt, der all die Zellen, die vor sich hindümpeln ohne Kontakt zu anderen Welten, in Bewegung und ins Fließen bringt. Dass alle diese Zellen – und damit meine ich die Menschen – ihre Ohren und Herzen für die Verständigung mit uns Tieren öffnen.
Es ist eine große Ehre für uns, dieses Vor-Wort in Worte fassen zu dürfen, und es ist gleichzeitig eine Selbstverständlichkeit, dass tierliche Wesen das übernehmen für ein Buch, in dem bislang **UnGehörtes** aus der Tierwelt hörbar und lesbar gemacht wird.
Die Autorin dieses Buches, die Übersetzerin zwischen Tieren und Menschen, hat unseren tierlichen Segen. Alle, die unsere Botschaften hören und lesen, haben unseren Segen. Alle, die noch nicht hören können oder wollen, haben unseren Segen. Wir warten – und tun unser Möglichstes ... so lange, bis alle hören können und wollen ...

Iko, Maja und Nemo

Einführung

Tier tut Mensch einfach gut! Selbst wenn die Menschen nicht immer beschreiben können, was genau denn guttut, empfinden sie die Nähe und das Zusammenleben mit einem Tier als etwas Beglückendes, Unterstützendes, Beruhigendes, Aktivierendes und Sicherheit Schenkendes. Nicht selten sind unsere Haustiere ja auch ein Ersatz für fehlende menschliche Partner oder soziale Kontakte.

Tiere können einen Menschen retten, zurück in ein erfülltes Leben holen, ihn führen oder ihm assistieren. Suchhunde, Blindenhunde, Assistenztiere, Begleit- und Therapietiere, es gibt sogar Institute für tiergestützte Therapie, dort werden Tiere ausgebildet für den Einsatz in der Betreuung und Therapien, die speziell für behinderte Menschen entwickelt wurden. Tiere – nicht nur Hunde, sondern auch Affen, Katzen, Schweine und Pferde –, übernehmen ganz bestimmte Aufgaben, ersetzen sogar menschliche Helfer in manchen Bereichen und sind oft effektivere Therapeuten, als Menschen es zu sein vermögen. Es gibt Streichelzoos, Hippotherapie, Delfintherapie …

Alle Tiere sind mit besonderen Gaben und Fähigkeiten ausgestattet. Nach und nach entdecken die Menschen sie für sich und für therapeutische Zwecke. Es sind überwiegend Wesen solcher Tierarten, die lange schon domestiziert sind oder sich leicht an den Menschen gewöhnen lassen aufgrund genetischer Ähnlichkeiten. Die Wissenschaft hat längst noch nicht alle Aspekte dieses heilsamen Miteinanders erforscht – und doch wirken die Tiere wahre Wunder.

Tiere können uns Menschen – dank der telepathischen Kommunikation – auch auf andere Art dienen. Mit ihren Botschaften oder konkreten Antworten auf unsere Fragen lassen sie uns noch tiefer an ihrer Weisheit, an ihrem Mitgefühl und Vermögen, Probleme zu erkennen, teilhaben. Oft sind es Probleme, die uns Menschen beschäftigen oder quälen und die uns noch gar nicht bewusst sind, obwohl unsere Seele bereits versucht, uns über körperliche Symptome darauf aufmerksam zu machen. Das können erst einmal allgemeine Unwohlgefühle sein, Unzufriedenheit, Schmerzen, die noch gut auszuhalten sind oder sich mit einer Tablette unterdrücken lassen. Es können auch emotional angespannte Familien- oder Paarbeziehungen sein, die uns herausfordern oder zeitweise ganz unglücklich machen, bis hin zu lebensbedrohenden Krankheiten und Unfällen. Sehr häufig kommt es auch vor, dass ein Tier mit seinen körperlichen Symptomen ein Problem der menschlichen Bezugsperson spiegelt oder durch ein auffälliges Verhalten auf etwas Wichtiges aufmerksam machen möchte.

Die Gabe der telepathischen Kommunikation – oder des sogenannten Fernfühlens – ist allen Lebewesen, also auch uns Menschen, in die Wiege gelegt worden. Die Anlage dazu ist so selbstverständlich in unserem Erbgut enthalten, wie die anderen Fähigkeiten, die wir im Laufe unseres Lebens entwickeln. Und diese Gabe ist nicht nur den Menschen vorbehalten, sondern auch den Tieren. Die telepathische Kommunikation ist meines Erachtens die grundlegendste Verständigungsmöglichkeit überhaupt – für alle, alles und jeden auf dieser Erde, im gesamten Universum, innerhalb einer Spezies genauso wie zwischen verschiedenen Arten, ob menschliche oder tierische. In manchen Kulturen wurde diese Gabe gepflegt und gefördert, in anderen Kulturen wurde sie hingegen völlig vernachlässigt, vergessen oder sogar verteufelt. In unserem westlichen Kulturkreis haben die Menschen andere Dinge entwickelt, profitieren von einem hohen technischen, hygienischen und medizinischen Standard, doch haben sie sich mehr und mehr nur noch auf das verlassen, was für ihre Augen sichtbar, für ihre Ohren hörbar, ihre Hände greifbar und den Verstand nachvollziehbar war. So ist eine der tiefsten Gaben unserer Wahrnehmung und Erfahrung verloren gegangen. Die Sehnsucht aber nach dieser verlorenen Gabe und den Möglichkeiten, die sich daraus ergeben, ist erhalten geblieben. Sie lässt immer mehr Menschen – gerade auch in technisch hoch entwickelten Ländern – sich erinnern und erkennen, dass es jenseits des Beweisbaren noch mehr gibt, Menschen, die einräumen, dass der Verstand zwar ein wundervolles, doch auch sehr begrenztes Instrument ist, im Grunde sogar nur ein ausführendes Organ, das nicht von sich aus schöpferisch ist.

Auch die Sehnsucht nach dem (Wieder-)Erkennen größerer Zusammenhänge, nach dem, was uns alle verbindet und was das Universum zusammenhält, motiviert viele von uns, alte Denkpfade zu verlassen und auf die Suche zu gehen nach dem großen Geschenk der Erfahrung.

Die telepathische Verständigung zwischen Mensch und Tier, zwischen allen organischen und mineralischen Lebensformen der Schöpfung, ist für mich seit langer Zeit etwas Selbstverständliches. Sie ist so natürlich für mich, dass ich oft nicht mehr darüber nachdenke bzw. analysiere, von wem oder woher genau welcher Impuls oder Gedanke kommt. Mir ist bewusst, dass das Beste, das Wichtigste und das Klügste nicht zwangsläufig meinem Gehirn oder Verstand entspringen, sondern dass ich ununterbrochen inspiriert und geführt werde von einer höheren Weisheit, die sich auf vielen verschiedenen Wegen ausdrückt und die ich intuitiv oder telepathisch einfach wahrnehme. Ich betrachte meinen Verstand als das wunderbare Instrument, das diese intuitiv oder telepathisch aufgenommenen Impulse und Inspirationen derart verarbeitet, dass ich sie wiederum mit meinen körperlichen Möglichkeiten und den bekannten Sinnen verarbeiten und umsetzen kann.

Und ich nehme durch diese Möglichkeit den Ausdruck der gesamten Schöpfung wahr: in Lebewesen, in Dingen, in Ereignissen und Begegnungen. Mir ist bewusst, dass viele Menschen eine andere Meinung darüber haben oder in anderen Lebewesen eine Art von Weisheit oder Vernunft – also auch Gedanken und Gefühle – nicht für möglich halten. Das mag darauf zurückzuführen sein, dass sie ohne dieses Wissen aufgewachsen sind und in anderen Ideen erzogen wurden, dass sie ihre ursprüngliche Hellfühligkeit als Kind ganz schnell ablegen mussten und dafür ihren Verstand vor allem mit Logischem und Beweisbarem ausgebildet haben. Bei vielen Menschen, denen ich begegne, war oder ist das so. Die Skepsis allem gegenüber, was weder sichtbar noch messbar oder sonst beweisbar ist, beherrscht ihr Leben vornehmlich. Trotzdem führen sie häufig ein gutes, erfülltes und sogar glückliches Leben, weshalb ich in diese Lebensform weder eingreifen möchte noch sie missionieren oder abwerten wollte.

Es liegt mir jedoch am Herzen, den Menschen, die eine Ahnung davon haben, dass es noch mehr gibt zwischen Himmel und Erde, mit meiner Arbeit und mit diesem Buch einen kleinen Einblick zu schenken in einen ganz bestimmten Bereich des Nichtsichtbaren und des Nichtmessbaren, nämlich in den Bereich der Verständigung zwischen Mensch und Tier sowie den daraus resultierenden wundervollen Möglichkeiten.

Es sind Erfahrungen, die ich vermitteln möchte, und zwar nicht nur meine eigenen, sondern auch die einiger Tierhalter, mit denen ich gearbeitet habe. Vielleicht springt dabei ein Funke über, der natürlich eine eigene Erfahrung zwar nicht ersetzen, aber doch ein von Herzen kommendes Interesse wecken kann, selbst einmal diese Erfahrung zu suchen. Denn eine Erfahrung bedeutet uns immer etwas, wenn wir sie selbst gemacht haben, egal ob der Inhalt dieser Erfahrung wissenschaftlich bewiesen oder irgendwie sonst messbar oder beweisbar ist. Eine gemachte Erfahrung ist Wahrheit für denjenigen, der sie erlebt.

Als Tierkommunikatorin bin ich immer wieder in der glücklichen Lage, Übersetzerin für Tierbotschaften zu sein, die das Leben der Tierhalter enorm positiv verändern. Plötzlich öffnen sich Menschen für neue Gedanken, denn sie spüren die Wahrhaftigkeit der Mitteilungen ihrer Tiere, sie spüren, dass ihre Herzen berührt werden. Meistens werde ich von Frauen kontaktiert. Doch es gibt auch männliche Klienten – ein wahrscheinlich jüngerer Mann musste erst einmal eine halbe Stunde am anderen Ende der Telefonleitung weinen, nachdem ich ihm die Botschaften seines Hundes mitgeteilt hatte. Heilungswege tun sich auf und mit Heilung meine ich, dass zwar körperliche Krankheitssymptome bei Mensch oder Tier sehr rasch abklingen können, aber auch berufliche oder persönliche Veränderungen angeregt und umgesetzt werden, lang schon anstehende Gespräche innerhalb einer Familie endlich geführt und belastende Themen nicht länger unterdrückt oder sogar tabuisiert werden, dass die Menschen dank der Tierbotschaften erkennen, welch anderen Weg sie einschlagen sollten, um aus ihrem Unglücklichsein auszusteigen. Auch mein eigener Heilungsweg begann mit einer Tierbotschaft.

Einführung

Es spielt keine Rolle, ob das Haustier ein Hund, eine Katze, ein Vogel, eine Ziege oder eine Schlange ist. Selbst fremdartige, wilde oder gar exotische Tiere, die in Zoos leben, können wertvolle Botschaften für uns haben, wenn wir sie denn hören wollen. Woher sie wissen, was mir fehlt oder was mir guttut? Eine Tigerpython, die in einem Reptilienzoo lebt, hat einmal darauf geantwortet:
Ich kann mich von deinem Wissen, all dem, was dich ausmacht, bedienen, um mich auszudrücken. Ich habe Zugang zu allem Wissen.

Und als ich fragte:
Könnte es sein, dass, wenn ich den Es-ist-alles-Eins-Gedanken denke, im Grunde alles schon auch in meinem Wissen da ist, doch du öffnest die Tür dazu?,

erhielt ich die Antwort:
Ja. Im Grunde bräuchtest du mich gar nicht. Doch es ist schön, dass du mich brauchst.

Zu erleben, dass Menschen und Tiere sich über alle körperlichen und artspezifischen Begrenzungen hinweg verständigen können und dass aus dieser Kommunikation unermesslich viel Positives und Heilsames entstehen kann, ist etwas so Wunderbares, dass ich dies vielen Menschen nahe bringen möchte.

Mit diesem Buch möchte ich Sie teilhaben lassen an solchen Erlebnissen, möchte Ihnen so nachvollziehbar wie nur möglich aufzeigen, wie sich Gespräche mit Tieren anhören, anfühlen und was sie bewirken können. Und vor allen Dingen möchte ich einen ganz bestimmten Bereich, der mit der Tierkommunikation möglich ist, hervorheben, nämlich dass sich durch Tierbotschaften Heilungswege zeigen können für Mensch und Tier. Dazu lasse ich einige Tierhalter selbst zu Wort kommen. Denn wer sonst könnte besser und authentischer beschreiben, wie ein Tiergespräch auf sie gewirkt hat, ob und wie sich ihr Verhältnis zum Tier oder ihre Sicht auf die Tiere verändert hat, was nach einem Tiergespräch wirklich passiert ist, was sich verändert, verbessert hat und auf welche Weise Heilung geschehen durfte?

Nicht nur über Sprache wurden mir Heilungsimpulse von Tieren vermittelt, sondern auch über Klänge. Ich habe mit Tieren gearbeitet, die die Qualität von Tönen benennen und angeben konnten, die wussten, in welcher Reihenfolge oder Länge oder Kombination diese Töne angeordnet werden sollten, damit eine heilsame Komposition entstehen konnte. Auf diese Weise sind 2 CDs mit „Heilsamen Klängen für Tiere" entstanden. Solche Kompositionen sind bislang einzigartig – und die Erfahrungen damit zutiefst berührend.

Jedes Tiergespräch wäre es wert, veröffentlicht zu werden, jedes Tier ist es wert, gehört zu werden. Nicht alle Tierhalter waren bereit oder in der Lage, mir ihre Sicht der Dinge und ihr Erleben nach einem Tiergespräch zu schildern. Häufig war die Ursache für ein Tiergespräch auch eher praktischer Natur, die Umsetzung recht einfach und das Ergebnis zufriedenstellend für alle Beteiligten. So ist eine Auswahl entstanden, die ich gar nicht alleine getroffen habe. Ich stelle Ihnen diese Auswahl von Gesprächen in dem Vertrauen vor, dass es genau die sind, die Ihre Herzen am ehesten erreichen und die dazu beitragen können, die Kluft im Verständnis zwischen Mensch und Tier kleiner werden zu lassen. Möge sie eines Tages ganz verschwinden, auf dass die Wege von Herz zu Herz und von Art zu Art ganz geebnet sein können.

Ich möchte Sie einladen, sich berühren zu lassen von den Geschichten in diesem Buch, sich in Staunen versetzen zu lassen von der Weisheit unserer Tiergefährten und aller Tiere. Entdecken Sie einen wundervoll heilsamen Aspekt unserer Schöpfung und nehmen Sie teil daran, diesen mehr und mehr wiederzufinden und leben zu können. Ich möchte gerne annehmen, dass Sie als die Leserinnen und Leser dieses Buches von mir keine Halbweisheiten über den Fortschritt der Wissenschaft in Bezug auf telepathische Phänomene erwarten, sondern dass Sie – wie ich – diese Sehnsucht in sich spüren und auf wissenschaftliche Erklärungsversuche gerne verzichten.

Ich wünsche Ihnen, wenn Sie noch keine bewusste Erfahrung mit Telepathie oder mit telepathischer Tierkommunikation haben, dass Sie durch die Lektüre dieses Buches einen Eindruck davon bekommen, was durch telepathische Kommunikation zwischen den Arten möglich ist und wie kostbar es ist, mit einem geliebten Tiergefährten diese Ebene der Verständigung zu haben – von Seele zu Seele. Vielleicht kann ich Sie auch anregen, bald selbst erste Erfahrungen zu sammeln. Und Ihnen, als Leserinnen und Lesern mit Erfahrung, wünsche ich einen noch tieferen Einblick in die Möglichkeiten der Tierkommunikation.

Teil I

„Die Güte des Herzens besteht in einem tief empfundenen, universellen Mitgefühl mit allem, was Leben hat."

Arthur Schopenhauer

Tiere auf meinem Heilungsweg

Maja – Die Wegweiserin

Dass dreifarbige Katzen „Glückskatzen" genannt werden, erfuhr ich erst, als Maja schon über 15 Jahre bei mir lebte, doch die Bedeutung dessen konnte ich erst einige Zeit nach ihrem Tod richtig ermessen.

Maja war bereits 18 Jahre alt, als ich die ersten deutlichen Anzeichen ihres Alterns feststellte. Zuerst wurde sie taub, der Glanz ihrer leuchtenden, bernsteinfarbenen Augen wurde matter und es schien, als würde ihr Blick sich immer mehr nach innen wenden. Doch ihr dichtes schwarz-weiß-goldbraun geflecktes Fell schimmerte immer noch wie Seide. Es hatte eine eigenwillige Mischung aus kurzen und etwas längeren Haaren und die längeren schwarzen und goldbraunen Haare endeten in weißen Spitzen. Sie war ansonsten gesund und ihr hohes Alter sah man ihr bis zu ihrem letzten Lebenstag nicht an. Sie aß mit Appetit, und ich fühlte, dass es ihr trotz ihrer Behinderungen gut ging.

Meine Wohnungseinrichtung passte ich mit der Zeit immer mehr Majas Bedürfnissen an. Das bedeutete ein kurzer Weg von ihrem Körbchen zum Katzenklo, ein kurzer Weg in die andere Richtung zu ihrem Futternapf und der Trinkstelle. Diese Wege säumte ich zu ihrer Orientierung mit kleinen Regalen oder Kissen. Als sie dann eines Tages auch ihren Urin nicht mehr halten konnte und auch den kurzen Weg zum Klo nicht mehr schaffte, riet mir meine Tierärztin, Maja zu erlösen, sie also einzuschläfern.

Dieser Gedanke wühlte mich total auf. Wie sollte ich es übers Herz bringen, meine geliebte Katzenfreundin zu töten? Damals hätte ich es zumindest als Tötung empfunden und nicht als eine Erlösung für Maja. Uns verbanden 18 gemeinsame Lebensjahre! Wollte ich etwa mich selbst von dem Anblick des alten und schwachen Tieres und von der aufwendigen Betreuung erlösen? Nein. Und ich hatte auch nicht den Eindruck, dass Maja erlöst werden wollte, sondern Wert darauf legte, in Würde altern und sterben zu dürfen.

Ich hatte vor Maja schon andere Katzen, die auf die Art des Einschläferns *„erlöst"* wurden. Kater Puschkin starb auf diese Art sogar ohne meine Zustimmung. Puschkin sollte zur Beobachtung eines Geschwürs im Kiefer drei Tage in einer Tierklinik bleiben, und ich besuchte ihn täglich. Am dritten Morgen, es war ein Samstag und der Arzt war gerade nicht da, wurde mir mitgeteilt, dass Puschkin eingeschläfert werden musste, weil *„es nicht mehr ging"*. Die Tage davor war mit keinem Wort die Rede von einer solchen Möglichkeit gewesen. Doch plötzlich wurde ich vor diese schmerzliche Tatsache gestellt. Ich fühlte mich übergangen, überfahren und ohnmächtig. Ich schrie auf der Heimfahrt im Auto meinen Schmerz laut hinaus. Ich fragte mich danach immer wieder, ob das überhaupt rechtens war – und was wirklich passiert sein mochte? Leider höre ich heute immer wieder von Klienten, dass es ihnen mit ihren Tieren ähnlich ergangen ist.

Seit Puschkins Tod war ich immer wieder auf der Suche nach Tierärzten, mit denen ich offen sprechen konnte, die meine Standpunkte anhören und akzeptieren und mit mir zusammen ihre Therapievorschläge besprechen wollten. Viele Jahre lang erlebte ich wenig Offenheit, schon gar nicht dann, wenn ich erwähnte, dass ich mit meinen Tieren telepathisch kommunizieren würde. Ich wurde auch schon einmal von einem Tierarzt aus seiner Praxis hinausgeschickt mit den Worten:

Damit will ich nichts zu tun haben.

Mittlerweile habe ich auch Tierärztinnen kennengelernt, die für die Tierkommunikation offen sind und mich sogar konsultieren, wenn sie z. B. mit ihrem eigenen Tier nicht mehr weiter wissen. Meinen Klientinnen und Klienten gebe ich oft den Rat, sich in ihrer Hilflosigkeit und manchmal schon fast panischen Sorge um ihr Tier nicht auch noch von Ärzten einschüchtern und übergehen zu lassen, sondern besser für ihre Anliegen und ihre Tiere einzustehen, genaue Informationen und Transparenz über Behandlungsweisen und Medikamente einzufordern und die Verantwortung nicht ganz an den jeweiligen Arzt abzugeben. Ich vermute, dass viele Ärzte auch überfordert sind von der Erwartung an Heilungserfolge und der großen Hilflosigkeit, Panik oder Hysterie der Menschen, die mit ihren kranken Tieren zu ihnen kommen. Trotz allen Fachwissens und guten Willens mag auch ein Arzt inneren Stress oder Druck verspüren, wenn Menschen zu viel von ihm erwarten.

Mein erster Kater Chalou hatte Krebs. Der Tierarzt riet auch damals zum Einschläfern. Ich stimmte dem zu und hielt Chalou in meinen Armen, als er einschlief. Das war vor über 30 Jahren, ich war damals ein ganz anderer Mensch, selbst in dicke Probleme verstrickt und unfähig, einer solchen Situation anders zu begegnen. Es gab noch andere Situationen mit kranken Tieren, in denen ich mich der Empfehlung der Erlösung oder anderen Meinungen von Tierärztinnen und Tierärzten unterordnete. Doch jedes Mal hatte ich noch lange Zeit danach ein ungutes Gefühl. Ich spürte auch, dass die Euthanasie nicht immer der richtige Weg war, dass es häufig um die Erlösung der Menschen vom Anblick des kranken Tieres ging und nicht um die Erlösung der Tiere.

Ich möchte doch gerne annehmen, dass alle Ärzte an der Heilung ihrer Patienten – ob Mensch oder Tier – interessiert sind. Also möchte ich doch auch gerne glauben oder hoffen, dass alle Ärzte jede Möglichkeit, die eine Heilung ermöglicht, in ihre Überlegungen mit einbeziehen, auch wenn diese Möglichkeiten außerhalb ihres Fachgebietes angesiedelt sind. Dazu gehört für mich auch, dass anders arbeitende Therapeuten oder TierkommunikatorInnen hinzugezogen werden können. Ich wünsche mir von ganzem Herzen, noch zu erleben, dass es zum Praxisalltag gehört, Geistheiler und andere hellfühlige, hellhörige und hellsehende Menschen – so auch TierkommunikatorInnen – in therapeutische Behandlungen mit einzubeziehen, sodass sie Seite an Seite mit Ärzten arbeiten, zum Wohle der Menschen und Tiere, die als Patienten um ihre eigene Heilung bemüht sind.

Als ich mich mit der Wahl einer Therapie für Maja auseinandersetzen musste, wurde mir klar, dass ich einen selbstbestimmten Weg gehen wollte. Da ich selbst bereits seit vielen Jahren schulmedizinisch austherapiert war, befand ich mich längst auf dem Weg der alternativen Heilmethoden, und so begleitete ich auch Maja mit sanften Heilmitteln. Wenige Male nur konsultierte ich noch jene Tierärztin, die mir das Einschläfern angeraten hatte. Da sie auch homöopathisch arbeitete und mir mit freundlicher Toleranz begegnete, wenngleich sie auch nicht immer überzeugt war von meinen Entscheidungen, blieb das ein gangbarer Weg für mich.

In jenen Tagen erzählte mir eine Freundin von einer Tierkommunikatorin. Ich hatte damals keine bewusste Vorstellung von Tierkommunikation und hörte diesen Begriff zum ersten Mal. Ich wusste jedoch sofort, dass das jetzt das Richtige für mich und Maja war. Ich rief die empfohlene Dame an, erklärte ihr mein Anliegen, schickte ihr ein Foto von Maja und erhielt wenige Tage später das Ergebnis ihres telepathischen Kontaktes mit meiner Katze:

Maja wünschte sich zum Beispiel, dass ich sie erst innerlich rief, bevor ich mich ihr näherte und sie berührte. Sie sagte auch, dass sie gerne neben mir läge und mein Streicheln genießen würde. Sie sprach davon, dass sie manchmal Kopfschmerzen, aber keine weiteren schmerzenden Stellen im Körper hätte. Sie wollte, dass ich ihren Platz noch eindeutiger abgrenzte. Auf meine Frage hin, wie ich ihr auch in Bezug auf ihr Sterben helfen könnte, antwortete sie, dass ich sie in Frieden und mit Freude gehen lassen sollte, ich müsste gar nicht viel dafür tun. Wenn die Zeit gekommen sei und sie nicht mehr fressen wollte, könnte ich ihr helfen, ihren Körper abzulegen. Doch im Moment würde sie noch sehr gerne fressen und auch alles mögen, was ich ihr gebe.

Die Tierkommunikatorin vermittelte mir, dass Maja ganz viel Licht und Liebe für mich hätte und wollte, dass ich besondere Aufmerksamkeit für meine eigene Heilung aufbringen und vor allen Dingen mir selbst vergeben sollte! Da traf sie wahrhaftig einen ganz wunden Punkt in mir! Denn so sanft und mild und verständnisvoll ich anderen gegenüber war, so streng urteilte ich über mich selbst, kritisierte mich ständig und war in meinen Augen nie gut genug.

Maja sagte auch, dass sie keine Angst vor dem Tod hätte, dass dieser Schritt so etwas Ähnliches sei wie ein Kleid abzulegen, und so sollte auch ich keine Angst davor haben. Doch sie bräuchte jetzt viel Ruhe und Frieden. Sie bat mich sogar, eine bestimmte männliche Person, die weder mir noch ihr guttäte, nicht mehr in die Wohnung zu lassen. Ich wusste genau, wen Maja meinte, und folgte ihrem Rat gleich am nächsten Tag. Am Schluss des Gespräches sprach sie mir noch Mut zu.

Trau dich, meinte sie, und: *Auch du kannst mich und andere Tiere verstehen, du musst nur das Interpretieren weglassen!*

Diese Aussage von Maja war der Beginn einer großen und positiven Veränderung in meinem Leben. Von nun an setzte ich mich täglich zu meiner geliebten Katzenfreundin und fragte nach ihren Bedürfnissen und Wünschen. So erfuhr ich mal dieses und mal jenes. Bald wollte sie in mein Schlafzimmer umziehen, denn dort war es am ruhigsten. Sie schätzte es auch, wenn ich neben ihr meditierte und sie meine Energie spüren konnte. Ich stellte ihr auch immer wieder die Frage, ob sie die Todesspritze wollte, doch sie meinte, dass sie sich gerne noch Zeit lassen würde, wenn ich es aushalten könnte.

Wenige Tage vor ihrem Abschied fragte ich sie wieder danach und sie antwortete:

Ich will noch nicht gehen. Ich brauche jedoch mehr Raum, damit meine Seelengeschwister kommen können. Du kannst nicht mehr viel für mich tun. Dein Bedürfnis nach körperlicher Nähe zu mir ist nicht mehr mein eigenes Bedürfnis. Ich ertrage es dir zuliebe. Essen wird schwierig, Trinken ist noch ok. Walnut (als Bachblüte),

> *ja. OM-Singen und Meditation in meiner Nähe, ja. Schlaf du woanders, wenn du mich nicht mehr ertragen kannst. Die Spritze brauche ich nicht, ich gehe auch so. Es ist mein Tod. Es ist kein Drama. Mach du kein Drama daraus. Es ist einfach so. Ich gehe einfach. Du musst nichts mehr machen, damit ich gehen kann. Wenn ich Laute von mir gebe, rufe ich nach meinen Seelengeschwistern.*

Ich sagte ihr, dass es mir schwerfiele, nichts zu tun, doch dass ich ihren Wunsch akzeptieren würde. Sie entgegnete:

> *Lerne durch mich für andere.*

Auf meine Frage, ob es ihr recht oder möglich wäre, dass ich dabei sei, wenn sie ihren Körper verlässt, antwortete sie:

> *Vielleicht. Doch noch hängst du zu sehr an mir.*

Ich sagte, ich würde gerne sehen, wie sie abgeholt werden würde, und sie antwortete:

> *Wenn du mir versprichst, nicht einzugreifen.*

Einmal antwortete sie auf meine Frage, was ich denn Gutes für sie tun könne:

> *Alles was du für mich tust, tust du im Grunde nur für dich!*

Diese Aussage traf mich wie ein Schlag in die Magengrube. Ich brauchte einige Zeit, um das zu verstehen, und als ich es verstanden hatte, fühlte ich tiefen Frieden in mir und eine große Freiheit. Die Sorge um Maja wich einer Glückseligkeit, die ich über jede Minute mit ihr empfand. Der Wunsch, ja alles richtig zu machen für sie, wich dem Vertrauen und Wissen, dass es jetzt andere Wesen gab, die sich um Maja kümmerten, und der Gewissheit, dass Maja sehr wohl wusste, was sie wollte und dies auch umzusetzen imstande war. Und dazu brauchte sie mich nicht.

Vier Tage später praktizierte ich in ihrer Gegenwart die Bärenhaltung, eine rituelle Körper-Trance-Haltung. In der Trance nahm ich eine große weiße Angorakatze wahr, die um Maja herumstrich … eine der Seelenschwestern!

Wieder zwei Tage danach saß ich am Abend abwechselnd meditierend und leise singend mehrere Stunden neben ihr. Ich fühlte, dass sie sich bald verabschieden würde. Ich fragte sie, ob ich noch etwas tun könnte. Sie schenkte mir folgendes Bild als Antwort: Sie kratzte mit ihren Vorderpfötchen an meinem Herzen und sagte, sie wolle dort hinein. Und sie sagte:

Wann immer du mich ansprechen willst, wenn ich gegangen bin, schau in dein Herz, dort werde ich in meinem Körbchen liegen und auf dich warten.

Als ich von ihr wissen wollte, was mit ihrem Körper geschehen sollte, bat sie mich, ihn an einem Platz zu begraben, an dem ich öfter vorbeikäme,

… damit du dich immer daran erinnerst, wie schön ich bin!

Am nächsten Morgen wachte ich gegen 5 Uhr durch einen tiefen Seufzer auf. Ich wusste sofort, das war Majas letzter Atemzug. Bevor ich noch aufstehen und mich zu ihrem Lager am Fußende meines Bettes wenden konnte, nahm ich ein helles Flimmern im Raum wahr, ähnlich dem Sternenregen beim Abbrennen einer Wunderkerze. Ich konnte mich gar nicht mehr rühren, so heilig war dieser Augenblick, so wunderschön und präsent war Majas Essenz, ihre Seele, die den zarten und müden Körper verließ. Ein Strom von Gefühlen aus Trauer und Glück überwältigte mich beim Anblick dieses geliebten Wesens, das im Körbchen lag – wie schlafend, ganz entspannt und ganz hingegeben. Ihr Fell glänzte im Licht der frühen Junisonne, die ihre ersten Strahlen durch das Fenster schickte.

Am Tag darauf begrub ich Maja an einem geschützten Platz im Wald, in der Nähe einer Bank, an der ich gerne verweilte, wenn ich dort auf meiner Lieblingsrunde vorbeikam. Das Körbchen in meinem Herzen war viele Monate lang sehr lebendig „bewohnt". Ich sprach oft mit Maja. Eines Tages war das Bild blasser, der Kontakt nicht mehr so klar und wir lösten uns voneinander …

Einige Jahre später hatte ich das große Vergnügen, Amelia Kinkade kennenzulernen. Und sie fragte mich, ob ich mit Majas Geschichte zu ihrem neu entstehenden Buch beitragen wollte. Da schaute ich wieder in mein Herz, um Maja zu fragen, ob sie dies auch wollte. Zu meiner großen Überraschung sah ich – ganz klar und deutlich – innerlich das Bild von Maja in ihrem Körbchen. Und sie gab mir ihre Zustimmung. Auch das war eine sehr wertvolle Erfahrung für mich. Dieser telepathische Kontakt mit Majas Seele, viele Jahre nach ihrem physischen Tod, war ganz frei von alten Gefühlen oder Trauer. Er war so kraftvoll und auf eine ganz andere Art lebendig, Maja war so präsent wie ein Wesen, das mir physisch gegenübersteht oder besser: so heilig wie die spürbare Präsenz eines Engels.

Bald darauf begann ich mit der Arbeit an meinem eigenen Buch. Majas und meine Geschichte bildeten den Grundstein dafür – Amelias Bitte konnte ich somit nicht erfüllen.

Purzel *Lucina (Welpe)* *Purzel + Lucina*

Purzel und Lucina Fabulosa – Die Wegbegleiterinnen

Es gab noch eine andere Katze in meinem Leben: Purzel. Sie war knapp ein Jahr alt, als ich sie für zwei Wochen zu mir nahm, weil die Menschen, bei denen sie lebte, in Urlaub fahren wollten. Sie war eine scheue und schreckhafte Katze, die eine zärtliche Nähe zu Menschen nicht gewohnt war. Innerhalb dieser zwei Wochen veränderte sie sich sehr, wurde offener, zutraulicher und zuckte nicht mehr bei jeder schnellen Bewegung zusammen. Ich mochte sie nur schweren Herzens zurückgeben, obwohl Maja über unseren Gast nicht gerade begeistert war. Also fragte ich Purzels Menschen, ob sie sie unbedingt zurückhaben wollten. Oh, welche Erleichterung spürte ich da, als ich ihnen die Möglichkeit anbot, Purzel bei mir zu behalten.

Und so blieb Purzel. Von ihrer Mutter, einer sehr zierlichen schwarz-weißen Hauskatze, hatte Purzel kaum äußere Merkmale mitbekommen. Doch ihr Vater – natürlich unbekannt wie auf dem Lande meist üblich – musste ein Kartäuserkater gewesen sein, denn Purzels Körper war kräftig, wenn auch nicht ganz so muskulös wie bei den reinen Kartäusern, mindestens aber um die Hälfte größer als der ihrer Mutter. Ihre Kopfform ließ viele vermuten, dass sie ein Kater wäre. Ihr Haarkleid hatte die seidige Dichte der Kartäuser in elegantem Silbergrau, und die weißen Flecken zeugten von der Mitgift ihrer Mutter.

Irgendwann einmal, als ich bereits bewusst telepathisch kommunizieren konnte, fragte ich sie, ob sie sich einen anderen Namen wünschte, vielleicht etwas Damenhafteres und Schickeres, oder einen feineren Namen mit weicherem Klang. Ihre Antwort war klar und kurz:

Das U tut dir gut!, sagte sie.

Mir fiel auf, dass weder in meinem Namen noch in der damaligen Anschrift ein U vorkam, auch im Geburtsnamen und im Namen meines Geburtsorts gibt es kein U. Da ich lange schon weiß, dass auch Buchstaben eine Schwingung aussenden und über die Buchstabenbedeutung hinaus Informationen enthalten oder transportieren, war ich für diese Ergänzung durch Purzel dankbar und freute mich über ihr U-Schwingungs-Geschenk. Erst als ich vor drei Jahren nach Meersburg an den Bodensee zog, hatte ich ein U im Namen meines Wohnortes. Zwei Tage nach diesem Umzug vollendete Purzel ihr irdisches Leben.

Purzel hatte monatelang ohne Murren oder Protesthandlungen meine aufwendige Pflege und die vielen Stunden an Majas Lager akzeptiert und – wie ich im Nachhinein sagen kann – auch mitgetragen. Als Maja nicht mehr da war, musste ich allerdings meine Beziehung zu Purzel neu aufbauen, denn ich spürte eine große Distanz zwischen uns, die mich schmerzte und wegen der ich mich ratlos fühlte. Erst durch das Tierkommunikationsseminar, an dem ich wenige Wochen nach Majas Abschied teilnahm, kam ich wieder in tieferen Kontakt mit ihr. Seitdem sah ich sie mit völlig anderen Augen, und es begann eine wunderbare und innige Freundschaft.

Purzel nahm sehr gerne an Seminaren und Übungskreisen teil. Sie beobachtete viel, suchte den Kontakt mal zu dieser, mal zu jener Person … und manchmal teilte sie mir telepathisch mit, dass ich den Ablauf nun ändern müsste, weil es etwas anderes Wichtiges zu tun gäbe. Oft handelte es sich dabei um ein Tier, das über ein Foto anwesend war. Die Fotos lagen dann meist auf dem Boden und die Teilnehmer stellten Übungsfragen an die Tiere. Da konnte es vorkommen, dass sich Purzel auf eines der Fotos setzte und mich mit ihren grünen Augen fixierte. Wenn ich nicht gleich reagierte und nachfragte, drehte sie eine Runde und setzte sich dann wieder auf dasselbe Foto. Spätestens dann war mir klar, dass es da etwas anderes zu tun gab als Übungsfragen zu stellen. Purzel teilte mir meistens auch das Thema oder das Problem mit, welches sie bei diesem Tier wahrnehmen konnte. Wenn ich die Tierhalterin oder den Tierhalter dann darauf ansprach, war das Staunen erst einmal groß. Meistens flossen auch gleich Tränen, denn es ging diesem Menschen und auch jedem der Anwesenden sehr nahe, auf welch sensible Weise Purzel mitarbeitete und wie stimmig ihre Impulse waren! Die Menschen fühlten sich von ihr in ihren Herzen tief berührt.

Und dann machte ich meist eine Ausnahme, d.h. ich führte eine telepathische Kommunikation mit diesem Tier inmitten eines Kurses und stellte eine oder zwei grundlegende Fragen zu dem von Purzel mitgeteilten Problem. Die anderen lud ich ein, bei dieser Befragung einfach präsent zu sein, wahrzunehmen, aber selbst keine Fragen zu stellen, sondern all ihre Wahrnehmungen aufzuschreiben. Oft war diese kurze Kommunikation schon ausreichend, um der Sache auf den Grund gehen zu können. Aber manchmal brauchte es auch ein ausführliches telepathisches Gespräch, welches ich nicht innerhalb einer Gruppe führen konnte. Doch der erste Schritt war gemacht, die erste Tür geöffnet.

Im Sommer 2008 kam mit Fabulosa ein zweites wundervolles U auf vier Pfoten in mein Leben. Fabulosa ist die Tochter einer ehemals wildlebenden Hündin.

Im Oktober 2003 flog ich zum ersten Mal nach Lanzarote, um einen Tierkommunikationskurs in einem Seminarzentrum in Costa Teguise zu leiten. Rudi und Angie, die bereits seit 20 Jahren auf der Insel lebten, hatten mich knapp verpasst und kontaktierten mich deshalb per Mail, als ich schon wieder in Deutschland war. Rudi hatte bei seinem morgendlichen Joggen zwei Hundewelpen inmitten von Mülltüten gefunden. Sie lagen in einem kleinen ebenerdigen Vulkankrater, wo Müll ja eigentlich nicht hingehört: zwei schwarze, halb verhungerte, verwurmte, schmutzige Hundekinder, vielleicht 3 Wochen alt. Er nahm die beiden mit nach

Hause zu seiner Frau Angie und ihrer Hündin Roxy. Sie versorgten die Welpen und beschlossen, einen davon zu behalten. Er wurde Nemo getauft. Den Bruder gaben sie weiter an Jutta – ebenfalls eine Deutsche – die als Tierschützerin auf der Insel aktiv ist und den kleinen Schützling ganz bald nach München vermitteln konnte.

Nemo entwickelte sich prächtig, doch es gab auch einige Probleme, weshalb Rudi und Angie mich um einen telepathischen Kontakt mit Nemo baten. Bei meinem nächsten Inselbesuch im darauffolgenden Frühjahr nahmen sie an meinem Seminar teil. Bald wurden wir Freunde, und in Lanzarote hatte ich mich schon bei meinem ersten Besuch sehr verliebt.

Angie und Rudi beobachteten schon seit einigen Jahren immer wieder eine wilde Hündin, die häufig trächtig war. Tierschützer konnten ihre Welpen jeweils aufspüren und vermitteln, bevor sie zu selbstständig wurden. So blieben sie vor einem traurigen Ende in der Tötungsstation bewahrt. Doch die Hündin selbst ließ sich nicht einfangen. Ihr Fell hatte die perfekte Tarnfarbe der graubraunen steinigen und sandigen Inselgegend, und manchmal verschwand sie so plötzlich, als hätte die Erde sie verschluckt.

Im Frühjahr 2008 war sie wieder trächtig und meinen Freunden fiel sie auf, als sie einmal bei den Mülltonnen an der nahen Straße Nahrung suchte. Ihr Körper war abgemagert, das Gesäuge war stark geschwollen, doch von ihren Kleinen gab es keine Spur. Sie hatte einen auffälligen Begleiter, einen großen weißen Rüden. Dieses Mal verhielt sie sich anders, sie kam dichter an meine Freunde heran, und es gelang ihnen sogar, beide Hunde mit Futter auf ihren Hof zu locken. Dort ließen sie sich füttern und versorgen, bei der Hündin musste auch Milch abgepumpt werden. Es war viele Tage lang unklar, ob ihre Kleinen überhaupt noch lebten, denn sie hatte so viel Milch und blieb trotzdem den einen oder anderen ganzen Tag lang auf dem Hof.

Über ein Foto ging ich von Deutschland aus in Kontakt mit der Hündin. Ich fragte sie, wie wir sie ansprechen sollten, und sie wünschte sich den Namen Amma. Ich fragte sie auch, wo sich ihre Kinder aufhielten, doch das Versteck wollte sie nicht verraten. Sie meinte, dass sie es ihren Kindern selbst überlassen wollte, ob sie (über)leben wollten oder nicht. Doch sie sei bereit, sich selbst versorgen zu lassen, um dann auch wieder mehr Kraft für ihre Kinder zu haben.

Der Wunsch meiner Freunde, die Kleinen mitversorgen zu können, wurde immer größer. Nach einem weiteren telepathischen Kontakt mit Amma, bei dem ich ihr versprechen musste, dass die Menschen ganz in ihrem Sinne handeln würden, ließ sie Rudi ihre Welpen finden. Sie lagen in einer unterirdischen Vulkanblase, die zwar nach oben offen, doch mit allerlei Gebüsch zugewachsen war, sodass man beim Vorbeigehen nicht auf die Idee gekommen wäre, dass es darunter einen Hohlraum geben könnte. Rudi war auf seiner Suche nach den Welpen auch schon etliche Male an dieser Stelle vorbeigegangen, ohne etwas zu bemerken. Doch nun durfte er das Nest entdecken und Ammas Welpen finden.

In Wäschekörben wurden die 9 zarten Hundekinder auf den Hof gebracht, und Amma kam mit. Die Welpen waren ca. 3-4 Wochen alt und alle ganz verschieden aussehend, manche waren sogar doppelt so groß wie andere. Meine Freunde bauten ein Welpengehege, integrierten die vorhandenen Hundehütten, und Amma konnte über den Gehegezaun springen, wenn sie ihre Ruhe brauchte. Alles schien perfekt, und wir waren glücklich.

Am nächsten Morgen war Amma verschwunden! Sie musste über die das Grundstück begrenzende, 2 Meter hohe und für die Insel typische Natursteinmauer gesprungen sein. Meine Freunde und ich telefonierten in diesen Wochen mehrmals täglich, ich wurde immer gleich über den neuesten Stand informiert und so erfuhr ich am frühen Morgen des 10. März von Ammas Verschwinden. Gleich machten wir uns auch Sorgen um die Kleinen, und Rudi lief alle paar Minuten zum Tor, um nach Amma Ausschau zu halten. Noch bevor ich in telepathischen Kontakt mit Amma gehen konnte, kam der befreiende nächste Anruf: Nach bangen zwei Stunden der Sorge und des Wartens stand Amma draußen vor dem Hoftor, mit einem weiteren Welpen in ihrem Maul. Amma musste in der Nacht über die Mauer springen, um ihr zehntes Kind zu holen, das sich so gut in der Vulkanblase versteckt hatte, dass es nicht gleich gefunden und mitgenommen werden konnte. Vor lauter Erleichterung und Glück flossen bei uns allen die Tränen.

Ich hatte bis dahin nie in Erwägung gezogen, einen Hund zu haben. Ich war glücklich mit Purzel und den vielen verschiedenen Tieren, die ich durch die Tierkommunikation kennenlernen durfte. Ein Hund war eigentlich undenkbar für mich. Es gab nur ein NEIN in meinem Kopf, und natürlich fielen mir auch viele triftige Gründe gegen einen Hund ein, als Rudi und Angie mich fragten, ob ich nicht eines von Ammas Kindern zu mir nehmen wollte.

Doch dann geschah etwas, was sich anfühlte, als ob meine innere „Festplatte" mit einem Schlag gelöscht und neu programmiert worden war. Für Menschen, die mit Computern nicht vertraut sind, möchte ich es so ausdrücken, dass alle meine bisherigen Gedanken in Bezug auf einen Hund plötzlich überhaupt keine Bedeutung mehr hatten, und das geschah wirklich schlagartig, nicht durch einen Prozess des Überlegens und Umdenkens. Nein, von einer Sekunde auf die andere eroberte ein Hundekind mein Herz und stattete meinen Verstand mit anderen Gedanken aus. Drei Monate später flog ich nach Lanzarote und gab wieder ein Seminar. Endlich konnte ich dieses Hundekind mit nach Deutschland nehmen.

Natürlich traf ich diese Entscheidung nicht ohne Purzels Einverständnis. Ich fragte sie bei einem telepathischen Kontakt, ob es ihr recht wäre, wenn eine junge Hündin in unser Leben käme, und sie antwortete:

Sie ist sehr willkommen.

Der weitere Verlauf dieser Geschichte von Amma und ihren Kindern hat so viele wunderbare Facetten und Nebenschauplätze, dass ich mich, um nicht zu sehr vom Thema dieses Buches abzuweichen, auf ein paar Details beschränken möchte: Amma hatte eingewilligt, sich sterilisieren zu lassen, und sie gewöhnte sich – ganz in ihrem eigenen Tempo – an das neue Leben im Arten-Mix-Rudel auf dem Hof mit Roxy, Nemo, Rudi und Angie. Die ehemals scheue und sehr misstrauische Amma ist heute eine verschmuste Hündin, der man ihre wilde Vergangenheit nicht mehr anmerkt. Aus den tiefen Gesprächen mit ihr wissen wir, dass sie viele unschöne Erfahrungen von Hunger und Gewalt durchmachen musste.

Und Fabulosa – sie wünschte sich diesen Namen selbst – lebt seit Juni 2008 bei mir. Purzel hatte sofort ihr „Willkommen" ganz deutlich ausgedrückt und sie bereitete mit ihrer feinen Energie auch die neuen Plätze und Körbe für Fabulosa vor, die ich für unser neues Familienmitglied einige Tage vor meiner Abreise gerichtet hatte. Einen stellte ich direkt neben Purzels Korb, der etwas erhöht auf einer Truhe stand. Natürlich hatte ich auch Fabulosa von Purzel erzählt und ihr auf telepathischem Weg Bilder von meiner Katzenfreundin geschickt.

Purzel empfing uns im Wohnzimmer, als ich mit Fabulosa eintraf, wie eine Königin: Ganz ruhig und aufmerksam lag sie auf dem Teppich mitten im Raum, war uns zugewandt und strahlte in ihrer besonderen und typischen Weise Licht, Weisheit und Liebe aus. Fabulosa orientierte sich zunächst mit einigen Blicken in der neuen Umgebung, dann ging sie langsam und mit geneigtem Kopf durch den Flur in Richtung Wohnzimmer, dessen Tür ganz offen stand, auf die immer noch ruhig wartende Purzel zu. Ihre Nasen berührten sich ... und Fabulosa huldigte Purzel bestimmt noch mit weiteren feinen Signalen, die ich nicht erkennen konnte. Dann lief Fabulosa zielstrebig auf ihren neuen Korb in der Ecke zu, der neben Purzels erhöhtem Platz stand, rollte sich ein und ruhte sich von den Reisestrapazen aus. Nachdem Purzel und ich unser Wiedersehen mit viel Schmusen und Herzensworten gefeiert hatten, hüpfte auch sie in ihren Korb neben der mittlerweile schlafenden Fabulosa, blickte mich an und ließ mich tief im Innern spüren, wie gut ihr das Hundemädchen und die Zukunftsaussichten gefielen. Eine neue Freundschaft war besiegelt.

Im Sommer 2009 wünschte sich Fabulosa einen anderen Namen. Während eines Spaziergangs über sonnenbeschienene grüne Wiesen stellte sie sich plötzlich mir gegenüber, schaute mich intensiv an und teilte mir mit:

Ich will jetzt Lucina heißen.

Das war vielleicht eine Überraschung! Doch ich muss gestehen, dass ich sie danach meistens noch bei ihrem bisherigen Namen rief, einfach aus Gewohnheit. In der Kurzversion rief ich sie Fabi ... ohne das U.

Im November darauf bekam sie eine Ohrenentzündung. Ich behandelte sie natürlich mit Homöopathie, doch ich fragte sie auch, warum sie diese Symptome hatte oder was sie mir damit sagen wollte. Ihre Antwort lautete:

Ich kann Fabi nicht mehr hören!

Ich entgegnete, dass sie sich diesen Namen doch gewünscht hatte? Sie meinte:

Ja, das stimmt schon. Der Name war gut für Lanzarote, doch hier in Deutschland gibt es weniger Licht, also wollte ich einen Namen mit Licht.

Im Spanischen heißt la luz „das Licht". Von nun an nahm ich ihren Wunsch ernst. Ich nannte sie Lucina, und sogar die Kurzform Lucy enthielt das U. Die Ohrentzündung heilte rasch ab und kam nicht mehr wieder.

Purzel vollendete ihr Leben in der Nacht auf den 1. April 2012, keine zwei ganze Tage nach unserem Umzug nach Meersburg. Sie hatte mir ihren Abschied etwa ein dreiviertel Jahr vorher angekündigt bzw. verdeutlicht, dass sie mich ab dem Frühjahr 2012 aus der geistigen Welt begleiten würde. Doch es ging ihr vor allem in ihren fünf letzten Lebensmonaten so gut, dass ich diese Ankündigung zwar nicht ganz vergaß, doch auch nicht ständig darüber nachdenken musste. Drei Tage vor dem Umzug, als ich Purzel erzählte, wo es nun hinginge, sagte sie, sie sei nun müde und Meersburg am Bodensee sei ganz etwas für mich. Dabei hatte ich für „uns" sehr lange nach einer passenden Wohnung suchen müssen, in der ein freundlicher Vermieter Haustiere erlaubte und die in einer ruhigen Umgebung im Erdgeschoss mit Garten oder Terrasse lag. Nun hatte ich sie gefunden.

Purzel nahm in ihren letzten Tagen kaum noch etwas zu sich, manchmal erbrach sie das Wenige auch wieder, was sie von einem besonderen Leckerbissen aufgenommen hatte. Auffällig war, dass sie noch öfter als zuvor die Nähe zu Lucina suchte. Der Umzug mit ihr ging problemlos. Sie schaute sich den neuen Ort auch noch an und fand schnell einen Platz unter einer Hecke, die meine Terrasse säumte. Dort wäre sie vermutlich liegen geblieben, um zu sterben, hätte ich sie am späten Abend nicht reingeholt, weil es noch keine Katzenklappe in der Tür gab. So vollendete sie mit knapp 18 Jahren ihr Leben, friedlich eingerollt auf einem Fell, das dicht bei mir auf meinem Bett lag, mit einem tiefen Seufzer. Es war am frühen Morgen gegen 5 Uhr – fast zur gleichen Uhrzeit wie Maja damals.

Die folgende Trauer war keine „normale" Trauer. Natürlich fehlte sie mir, doch ich war auch dankbar über die Art und Weise, wie Purzel sich vollenden konnte: friedlich und schmerzfrei. Es war ein Heimweh! Ich spürte plötzlich – in einem bohrenden Schmerz – dass ich ein Stück Heimat verloren hatte, das mir Purzel in den 17 Jahren unseres gemeinsamen Lebens geschenkt hatte. Ich bin oft umgezogen in dieser Zeit, und jedes Mal war es ebenso ein leichtes Losgehen wie Ankommen. Purzel schaute sich stets am selben Tag alles in der neuen Wohnung und der Umgebung an, rollte sich dann auf meinem Bett ein und signalisierte:

Nun sind wir wieder daheim!

Nie war es nötig, sie zwei Wochen in der Wohnung zu behalten, was viele Katzenkenner ja empfehlen, um ein Tier an den neuen Ort zu gewöhnen.

Nun also stand ich inmitten meiner Umzugskartons in der neuen Wohnung in Meersburg, war unfähig auszupacken und fühlte mich elendig heimatlos. Es brauchte einige Monate, bis dieses Gefühl nach und nach verschwand. Es hatte auch einige Zeit gebraucht, bis ich in telepathischen Kontakt mit Purzel gehen konnte, auch wenn ich mich darüber sehr wunderte und diese Unfähigkeit dem, was ich von mir als Tierkommunikatorin erwartete, total widersprach. Der Schmerz über den Heimatverlust war einfach zu groß, und ich ahnte, dass mit diesem Schmerz auch noch andere, alte und ungeheilte Wunden angerührt worden waren.

Wieder waren es Tiere, die mir halfen, diese Blockade zu überwinden, und zwar Tiere von Klienten. Erst wies mich eine Katze während des telepathischen Kontaktes mit ihr darauf hin, dass schon jemand anderes auf mich warten würde. Beim ersten Mal konnte ich das noch aufschieben, beim zweiten Mal hatte ich keine Chance mehr, denn der Kater einer anderen Klientin – wir kannten uns gut durch viele Tiergespräche – verweigerte sich der telepathischen Kommunikation solange, bis ich – endlich – mit Purzel gesprochen hatte. WELCHE ERLEICHTERUNG! Warum hatte ich bloß so lange gewartet? Dieser erste Kontakt mit Purzel nach ihrem Abschied war so befreiend, so heilsam, so wunderschön. Und seitdem kann ich sie, wie damals Maja, jederzeit ansprechen oder um Rat fragen. Sie sagt mir zum Beispiel ganz schnell und klar, ob ein vermisstes Tier schon „bei ihr" ist oder noch auf der Erde lebt. Und oft schicke ich ihr einfach nur einen liebenden Gruß.

Tierbotschaften: Heilungswege für Tiere

Bevor ich näher darauf eingehe, ob und welche Voraussetzungen es braucht, um richtungsweisende Tierbotschaften zu erhalten, möchte ich Ihnen Tiere und Menschen vorstellen, die Heilungswege zusammen gegangen sind. Und ich beginne in diesem Kapitel mit Geschichten, in denen vor allem die darin vorkommenden Tiere einen Heilungsweg gehen durften, nachdem sie mithilfe der Tierkommunikation auf ihre wahren Bedürfnisse oder auf die tiefliegenden Ursachen ihrer Probleme oder Krankheiten aufmerksam machen konnten. Das Schöne daran ist, dass es nicht nur den Tieren danach besser ging.

Bei körperlichen Krankheiten ist es so, dass sich viele Symptome mit den Möglichkeiten der Schulmedizin beheben lassen. Ob die tiefer liegenden Ursachen hinter den Symptomen dadurch allerdings auch behandelt werden, ist sehr fraglich. Ich bin eher eine Freundin der alternativen und sanften, meist auch nebenwirkungsfreien Therapiewege wie Homöopathie, Phytotherapie und ähnlicher natürlicher Methoden mit ganzheitlichem Ansatz. Damit habe ich bei mir persönlich und bei meinen Tieren bessere Erfahrungen gemacht. Diese Behandlungsformen sprechen auch die Seele an oder den „inneren Heiler", wie Dr. Bach – der Entdecker der wunderbaren Bachblüten – es genannt hat. Es werden nicht einfach nur die Symptome auf der körperlichen Ebene unterdrückt, sondern es werden die Ursachen berührt und von dort aus wirken die Kräfte der Heilung.

Manchmal reicht aber auch das nicht, und es kommen Menschen mit völlig austherapierten Tieren zu mir. Sie sind ratlos, verzweifelt und hören irgendwann von Tierkommunikation, bekommen eine Empfehlung, finden zufällig einen Flyer von mir, rufen an ... ein letzter Versuch ...

Dass aus solch einem „letzten Versuch" ein Heilungsweg werden kann und welche Möglichkeiten mit der Tierkommunikation in solchen Fällen eröffnet werden, wird in Anouks Geschichte ganz besonders deutlich. In dieser Geschichte kommt auch die Tierhalterin selbst zu Wort und sie schildert ihr Erleben in den Wochen ab dem ersten Tiergespräch.

Anouk fühlt die Kinderseelen

Im April 2006 lernte ich die Familie F. kennen. Sandra und Jochen, beide um die 30, sowie ihre beiden kleinen Kinder Sven und Rani leben auf einem ehemaligen und modern renovierten Bauernhof auf einer Hochebene im Schwarzwald. Das geräumige

Haus mit den neuen Anbauten bietet auch Platz für Jochens Kunstschreinerwerkstatt und Sandras Logopädie-Praxis. Zum Nachbarhof sind es über 500 Meter, er ist vom Küchenfenster aus durch den großen Garten mit Obstbäumen und Heckenbegrenzung hindurch kaum zu sehen, zumindest nicht im Sommer, wenn die Bäume und Hecken dicht belaubt sind. Zu den anderen Seiten dehnen sich Wiesen- und Ackerflächen aus, in den Wald läuft man gerade einmal drei Minuten zu Fuß – eine ruhige, idyllische Gegend am Rande einer weitläufigen Ortschaft.

Es leben noch zwei weitere kleine Familien auf dem Hof und natürlich gibt es auch Katzen und Hunde, die ganz nach Lust und Laune zwischen gemütlichen Kuschelplätzen in den Wohnungen und der Freiheit auf dem Hof, den Wiesen und im Wald wählen können. Zur Familie F. gehören Flori, ein roter Kater, Miou, eine grauweiße Katze, und Anouk, eine Hovawarthündin.

Anouk hatte seit ihrem ersten Lebensjahr eine chronische Blasenentzündung mit nachfolgender Inkontinenz entwickelt. Die Symptome hatten sich seit ihrem 7. Lebensmonat mit ihrer ersten Blasenerkrankung stetig verstärkt. Viele tierärztliche und auch alternative Behandlungen brachten nur vorübergehende, kleine Erfolge. Sandra F.:

Nach häufigen Antibiotikagaben, die nur kurzfristig symptomfrei machten, und einer Blasenoperation mit gleichzeitiger Sterilisation, waren wir alle mit unserem „Latein" am Ende. Dazu kam die Geburt unserer beiden Kinder, was unsere Aufmerksamkeit in einen anderen Lebensbereich lenkte und wir auch nicht mehr wussten, was wir mit Anouk machen sollten. Wochenlang durfte Anouk nicht mehr ins Haus, weil sie völlig inkontinent war und alles einnässte. Das tat uns zwar sehr leid, weil sie bisher als Familienmitglied im Haus lebte, aber wir waren der Situation nicht mehr gewachsen mit 2 kleinen Kindern und dem bedürftigen Hund. Dazu kamen Anouks „Fressspaziergänge", auf denen sie die umliegenden Höfe besuchte und die Reste aus den Futternäpfen der dort lebenden Hunde und Katzen fraß. Dadurch wurde sie ziemlich übergewichtig.

Über eine sehr einfühlsame Tierheilpraktikerin haben wir viel homöopathisch gearbeitet und Anouk dadurch auch in ihrem Wesen besser erkannt und unterstützt. Die Symptome wurden zwar besser und zeitweise waren sie ganz verschwunden, traten aber auch wieder erneut auf. Es war, als fehlte noch etwas.

Im April 2006 nahm ich dann Verbindung mit der Tierkommunikatorin Ingrid Rose Fröhling auf. Ich war sehr gespannt auf ihre Arbeit, mit meinem Tier auf einer medialen Ebene zu kommunizieren.

Nachdem ich die Familie und die damals fünfjährige Anouk persönlich kennengelernt hatte und mir das Problem ausführlich geschildert wurde, beschloss ich, beim ersten telepathischen Gespräch mit einem Foto von Anouk zu arbeiten. Dies, weil ich spürte, dass es nicht ganz einfach werden und ich viel Zeit und Geduld brauchen würde. So war es dann auch.

Anouk schien mir wie in einen dunklen Nebel gehüllt. Auf meine Fragen reagierte sie im Grunde gar nicht. Es kam immer wieder nur ein einziges Wort durch: „Fehlgeburt". Ich bat meine Geisthelfer um Unterstützung. Diese rieten mir, für Anouk erst einmal eine Bachblütenmischung auszutesten. Ich gab Sandra F. die Rezeptur durch und sie begann die Therapie gleich am nächsten Tag. Nach ca. 1 Woche versuchte ich erneut, mit Anouk ins Gespräch zu kommen. Dieses Mal mit mehr Erfolg. Sandras Fragen konnte Anouk nun zum größten Teil konkret beantworten:

IRF: Wie geht es dir, Anouk?
Anouk: Bin voller Trauer und Schwermut.
IRF: Weißt du, warum?
Anouk: Ich fühle mich missverstanden.
IRF: Ich will dir und Sandra helfen, diese Missverständnisse aufzulösen. Gleich zu Beginn des Kontaktes mit dir, als du noch gar nicht reden konntest, hörte ich immer wieder das Wort „Fehlgeburt". Hat das etwas mit dir bzw. der Familie zu tun?
Anouk: Ja, ein Wesen durfte nicht auf die Erde kommen.
IRF: Ein menschliches oder ein tierisches Wesen?
Anouk: ... ein menschliches Wesen.
IRF: Und das macht dich so traurig und du verlierst deshalb deinen Urin?
Anouk: Ja.
IRF: Kannst du mir sagen, ob das bei den Menschen war, bei denen du jetzt bist, oder dort, wo du in deinen ersten Lebenswochen warst?

Anouk hat darauf an dieser Stelle noch nicht konkret geantwortet. Stattdessen sagte sie - nach einer längeren Pause:

Anouk: Meine Geschwister haben auch nicht alle überlebt, und ich wäre gerne bei meiner Mutter geblieben.
IRF: Konntest du diesen Trennungsschmerz noch nicht heilen?
Anouk: Es ist ein anderer Schmerz daraus geworden – als hätte ich den Zusammenhang verloren. Meine Blase reagiert auf alles, was irgendwie wie Abschied und Trennung aussieht bzw. sich so anfühlt. Nur, dadurch wird alles noch schlimmer. Meine Menschen wollen mich nicht mehr bei sich haben.

An dieser Stelle verfiel Anouk wieder in Schweigen. Meine geistigen Helfer gaben mir noch folgende Hinweise zu Anouks Blasenthema:

Helfer: *Aus Macht über das Tier wird Hilflosigkeit. Aus Anspannung wird Loslassen (im Sinne von Kontrollverlust). Es ist ein „unteres Weinen" bei Anouk. Das Problem sitzt hinter Pulsatilla.*

Sandra gab Anouk damals das homöopathische Mittel Pulsatilla.

Nach einigen Minuten Pause zeigte sich Anouk wieder lebhafter und bereit, das Gespräch fortzusetzen.

IRF: Warum gehst du auf die anderen Höfe – Sandra sagt Fressspaziergänge dazu?
Anouk: Ich will eigentlich etwas anderes und die Menschen geben mir Fressen. Das ist immerhin etwas ... (und nach einer kurzen Pause): *Ich suche das Wesen...*

An dieser Stelle beendete ich das Gespräch mit Anouk und fragte bei Sandra F. nach, was ich Anouk denn zum Trost sagen durfte. Ich konnte Anouk in einem anschließenden Kontakt ausrichten, dass die Menschen ihre Trauer jetzt verstanden und akzeptierten. Dass wir mit den Bachblüten und dem homöopathischen Mittel Natrium muriaticum versuchten sie zu heilen, und dass wir ihr auch helfen wollten, in Seelenkontakt mit dem Wesen zu kommen, das sie suchte.

Etwa eine Woche später sollte ich Anouk erneut nach ihrem Befinden fragen. Wieder war sie kaum ansprechbar und ich bat erneut die geistigen Helfer um Unterstützung.

IRF: Wer ist da für Anouk?

Als Antwort zeigte sich mir ein klares blaues Licht, und es bezeichnete sich selbst als Marien-Energie. Dankbar und beglückt nahm ich diese Hilfe an. Mir wurde gesagt, dass Anouk zutiefst seelisch verletzt sei und ihre Heilung etwas Zeit brauchen würde.

IRF: Was kann ich tun?
Helfer: Immer wieder in Kontakt gehen mit Anouk. Lass auch deine Energie strömen. Zeige Sandra die Punkte für den Blasenstrom an Anouks Körper (aus der Jin Shin Jyutsu-Therapie).
IRF: Es kam mir als mögliche Hilfe auch eine systemische Aufstellung in den Sinn.
Helfer: Du kommst auch so in Kontakt. Doch für Sandra und Jochen F. ist es eindrucksvoller, weil sie die Antworten auf andere Weise erhalten und sie selbst erfühlen können.
IRF: Gibt es einen Ersatz für das verlorene Wesen?
Helfer: Erst einmal nicht. Anouk muss erst loslassen.
IRF: Spürt Anouk, dass sich in der Einstellung ihrer Menschen ihr gegenüber etwas verändert hat?

Hier kam nun die Antwort wieder direkt von Anouk:

Anouk: Ja, das gibt mir Genugtuung ... und Freude.
IRF: Hast du verstanden, dass es völlig in Ordnung ist, wenn du trauerst und Urin verlierst?
Anouk: Ich weiß, dass das mit dem Urin nicht in Ordnung ist – und ich will das ändern. Ich leide unter der Macht der Menschen.
IRF: Gibt es etwas, was dir helfen könnte, damit besser umzugehen?

Anouk: Mein Sein anerkennen, würdigen. Nicht vermenschlichen, sondern anerkennen, dass ich mehr bin als das Produkt einer Zucht und was Lebendiges zum Streicheln.

Ich habe mich vor ihr verneigt, wirklich mit einer Körperbewegung, nicht nur in Gedanken, und im Namen der Familie F. ein Vergebungsritual gemacht. Dann sagte ich:

IRF: Ich habe den Eindruck, dass Sandra dich sehr wohl würdigt.
Anouk: Als Hund ja.
IRF: Was fehlt dir?
Anouk: Ich habe eine besondere Aufgabe und Rolle. Die kann ich nur erfüllen, wenn ich den Raum dafür habe.
IRF: Und welche Aufgabe ist das?
Anouk: Ich bin auch ein Kind.
IRF: Und was ist deine Beziehung zu dem Wesen, das du suchst?
Anouk: Meine Schwester.
IRF: Ich lass das jetzt erst mal so stehen, du Liebe, und bitte die Marien-Energie dir zu helfen, um in Seelenkontakt mit deiner Schwester zu kommen. Ist das ok?
Anouk: Ja.

Ich wandte mich an die Helferenergie:

IRF: Ich bitte dich, Anouk zu helfen, die Schwester zu finden oder loszulassen, damit sie sich denen zuwenden kann, die da und greifbar bei ihr sind.
Helfer: Ja. Und die Menschen müssen ihres tun.
IRF: Das heißt?

Helfer: *Anerkennen, was ist.*
IRF: *Das klingt jetzt wirklich nach Aufstellung.*
Helfer: *Ja, das wird den Menschen helfen, weil nicht du allein alles vermitteln musst.*

Dankend beendete ich dieses Gespräch. Im Austausch mit Sandra F. stellte sich heraus, dass sie selbst eine Fehlgeburt hatte und dies auch von ihrer Mutter wusste! In der bald folgenden Familienaufstellung zeigte sich, dass dieses Thema auch bei ihrer Großmutter vorhanden war.

Nun schildert Sandra F. mit ihren eigenen Worten, wie sie die Gesprächsinhalte aufgenommen und den Ablauf bei den systemischen Aufstellungen empfunden hat:

Anouks Mitteilungen machten mich sehr betroffen, denn der Inhalt bezog sich auch auf meine Familiengeschichte und auf darin ungelöste Themen. Anouk war wie eine Platzhalterin für Gefühle und unerlöste Themen meines Lebens. Als würde sie einen Teil davon mittragen und darunter leiden bzw. Symptome bilden. Die Aufgabe ging mit diesem Gespräch ganz klar an mich zurück, mich mit diesen Themen in meinem Leben auseinander zusetzen. Dazu empfahl Frau Fröhling eine Familienaufstellung, evtl. auch mit Anouk als aufgestelltes Mitglied. Wir machten das mit Frau Fröhling und einigen sehr vertrauten Personen als aufgestellte Familienmitglieder.

Es zeigten sich tiefe Verlustthemen, die noch nicht angeschaut, zum Teil sogar verschwiegen worden waren und damit auch noch nicht erlöst oder integriert sind. Anouks Rolle in meinem Familiensystem wurde transparent und konnte aufgelöst werden, indem alle beteiligten Menschen ihre Aufgaben und deren Lösung wieder zu sich zurücknahmen. Es fand eine Art Versöhnung mit den Schicksalen in meiner Familie statt und die ungeweinten Tränen und der Schmerz hatten einen neuen Platz in meinem Bewusst sein. Gleichzeitig bekam Anouk einige Bachblüten für ihre Seele und ein homöopathisches Mittel, das Frau Fröhling auch medial mitgeteilt bekam.

Anouk, bzw. die für sie aufgestellte Person konnte Frieden schließen mit der Tatsache, dass sie ihr Geschwister nicht auf den umliegenden Höfen finden würde. Sie konnte darauf vertrauen, dass die Hundeseele in der geistigen Welt gut aufgehoben war.

Sandra F. dazu:

Schon nach wenigen Tagen nach den beiden Aufstellungen nässte Anouk nicht mehr ein, war tatsächlich wieder „trocken" und auch fröhlicher. Diese tiefe Schwermut schien aus ihrem Wesen zu weichen. Auch die Fressspaziergänge wurden seltener und hörten dann ganz auf. Nun ist Anouk eine wohlgeformte Hündin, die absolut trocken in unserem Haus lebt.
Es gab einige wenige Momente, die mit Stress in meiner Familie zusammenhingen, als Anouk nochmals ein bisschen Urin verlor. Das zeigte mir deutlich, dass zwischen mir und der anwesenden Person ein noch ungelöstes Spannungsfeld lag.
Durch diese telepathischen Kommunikationen habe ich ein tieferes Verständnis für die unsichtbaren Zusammenhänge zwischen Tier und dessen Halter bekommen. Nie hätte ich gedacht, dass die Verbundenheit von den Tieren mit unseren Schicksalen so groß ist und Tiere geduldig etwas für uns tragen, was uns häufig nicht bewusst ist. Ich bin dankbar, dass ich mich über die Tierkommunikation und die Beschäftigung mit Anouks Symptomen einem wichtigen Teil in meinem Leben zugewendet habe und Anouk nun frei von ihren Symptomen sein kann.

So ist es auch geblieben. Es wurden in den folgenden Jahren zwei Kinder auf dem Hof geboren und ich hatte bei meinem letzten Besuch im August 2009 das Gefühl, dass Anouk dies sehr genoss. Wer weiß, vielleicht ist ja auch die eine oder andere Kinderseele dabei, die damals keine Chance hatte?

Milla und das Unaussprechliche

Dieses Ereignis in Worte zu fassen ist schon eine Herausforderung für sich, denn wie soll ich die passenden und würdigen Sätze finden, um das Wunder zu beschreiben, das bei Milla geschehen durfte? Ich empfinde so viel Ehrfurcht und Staunen und Liebe angesichts von Milla und ihrer Geschichte, dass ich noch heute einen Kloß im Hals spüre und innerlich sehr bewegt bin, wenn ich mich an sie erinnere.

Milla, eine Golden Retriever Hündin, wurde im April 2009 zwölf Jahre alt und verbrachte den größten Teil ihres Lebens mit Ann-Marie, ihrer Tochter Lena und ihrem Partner Peter. Lena besuchte mit knapp dreizehn Jahren, zusammen mit einer gleichaltrigen Freundin, einen meiner ersten Tierkommunikations-Schnupperworkshops. Das war ca. fünf Jahre vorher.

Im Sommer 2009 meldete sich Lena bei mir und bat mich, auch im Namen ihrer Mutter, um Hilfe für ihre Hündin Milla. Lena hatte schon selbst versucht, Antworten von Milla zu erhalten, doch sie war sich sehr unsicher. Also verabredeten wir uns und sie kam mit einem Foto von Milla und einem Begleitbrief von ihrer Mutter in meine Praxis.

Ann-Marie schrieb in diesem Brief:

Spätestens an Millas Geburtstag im April war mir und meiner Familie klar, dass sie nun ein alter Hund ist – und wir merkten ihr auch an, dass es ihr nicht mehr so gut ging. Zum Sommer hin bemerkten wir ein kleines Geschwür in der linken Lefze, welches innerhalb weniger Wochen immer größer wurde. Schweren Herzens ging ich mit ihr zum Tierarzt. Nach endlosen schmerzhaften und stressigen Untersuchungen war das Ergebnis klar: Milla hatte ein faustgroßes bösartiges Krebsgeschwür im Maul.
Wir waren ziemlich verzweifelt. Was sollten wir tun? Der Tierarzt riet uns zu einer sofortigen operativen Entfernung. Auch wenn kaum Chance auf Heilung bestand, so wollte er doch das Tier schnell von diesem unangenehmen, stinkenden Geschwür befreien. Natürlich sollte mein Hund nicht leiden, aber die Kosten

> *für eine solche Operation überstiegen bei Weitem meine finanziellen Möglichkeiten – außerdem war es so heiß in diesen Wochen, dass es Milla so schon nicht gut ging – jetzt noch den Stress einer Operation? Ich brauchte ein paar Tage Bedenkzeit, um mich zu entscheiden.*
>
> *Da ich dich und deine Arbeit der Tierkommunikation über meine Tochter bereits kennengelernt habe, möchte ich dich bitten, mit meiner Hündin zu „sprechen" und sie zu fragen, wie es ihr geht, was sie braucht und ob eine Operation das ist, was sie sich wünscht.*

Lena und ich bereiteten uns auf den telepathischen Kontakt mit Milla vor. Beide empfingen wir die Mitteilung von ihr, dass eine Operation jetzt auf keinen Fall das Richtige sei. Und ich nahm noch mehr wahr, viel mehr ...

Hier folgen Millas Mitteilungen:

> *Milla: Hört, hört! Danke, dass ich gehört werde! Was kommt euch in den Sinn, wenn ich sage, erstens: Es liegt mir was auf der Zunge, ich möchte etwas sagen, aussprechen, doch ich bekomme es nicht über die Lippen, muss es wieder runterschlucken, habe Angst, es auszusprechen, doch es lässt sich nicht wirklich verdrängen ... und zweitens: Ich kaue daran herum, es ist ein harter Brocken, ein böses Wort, doch das Böse will ich nicht, ich negiere es, bin lieber stumm ... oder nehme es zurück.*
>
> *Ich möchte euch mit meinem körperlichen Symptom aufmuntern, ja auffordern, dieses Böse, Unbequeme auszusprechen, zu bereinigen, zu klären, weniger als Vorwurf, mehr als Schilderung eures eigenen Erlebens, eurer Gefühle, damit das ungesagte „Negative" gehen und nicht weiter auf körperlicher Ebene Form annehmen muss. Versteht diesen Zusammenhang bitte nicht als Vorwurf, sondern als Zeichen dafür, wie sehr ich mich mit euch verbunden fühle.*

> *Ihr wisst, dass mit einer OP lediglich das Symptom weggeschnitten wird. Ich bin einverstanden mit diesem Symptom, ich bin auch einverstanden mit euch und euren Entscheidungen und wähle in aller Freiheit meine Reaktion darauf.*
> *Also bin ich im Frieden und freue mich, gehört zu werden. Und wenn ihr meine Anregung umsetzen könnt, ist meine Freude noch größer. Ich würde gerne abwarten ... eine OP vor allem nicht jetzt im Sommer ...*
> *Ihr könnt mir helfen, indem ihr annehmt, dass ich euch verstehe, dass ihr mir alles sagen könnt, alles anvertrauen könnt. So was wie ‚schonen' oder Ähnliches funktioniert nicht. Energetisch wird alles übermittelt ...*

Nun waren dies weitaus mehr Antworten, als es die Fragen von Ann-Marie und Lena erwarten ließen. Als ich mich mit Lena darüber austauschte, sagte sie nur:

Das passt schon!

Also gab ich Lena das Gesprächsprotokoll mit. Es vergingen ein paar Tage und ich hörte über die bereits erwähnte Freundin von Lena, dass die Antworten von Milla wohl „voll ins Schwarze getroffen hätten". Danach vergingen mehrere Wochen, und immer mal wieder kam mir Milla in den Sinn. Ich wollte jedoch nicht aufdringlich wirken und bei Lena oder Ann-Marie anrufen, um zu erfahren, wie es der Hündin mittlerweile ging.

Endlich erreichte mich eine Mail von Ann-Marie. Ich habe ihre Zeilen immer wieder lesen müssen, viele Male hintereinander. Mir flossen die Tränen dabei, ich war fassungslos, glücklich und zutiefst berührt. Dann musste ich mich bewegen, ich bin raus über die Felder in den nahen Wald gelaufen und habe viele Male laut

DANKE! zum Himmel hinauf geschrien.
Ann-Marie schrieb:

> *Liebe Ingrid, was du mir von meinem Hund zu sagen hattest, hat mich sehr tief berührt ... Ich wusste sofort, was Milla meinte, und tiefste Dankbarkeit erfüllte mich über diese Hunde-Loyalität und ihre ehrliche und direkte Art, den wunden Punkt in der Partnerschaft zwischen meinem Lebensgefährten und mir aufzudecken. Noch am selben Abend hatten mein Lebensgefährte und ich ein langes, wunderschönes Gespräch über unsere Schwierigkeit, über unangenehme Dinge in der Beziehung zu sprechen, und wir nahmen uns fest vor, das zu ändern und daran zu arbeiten, denn auch wir hatten darunter gelitten, nicht nur unser Hund!*
> *Doch nun sollst du, liebe Ingrid, endlich erfahren, was dann folgte: Nach etwa fünf Tagen war das Geschwür in der Lefze meines geliebten Hundes verschwunden!*
> *Ich bin meiner Milla unendlich dankbar für ihre Unterstützung und ihre Liebe!*

Immer noch schluchzend vor Staunen und Glück antwortete ich:

> *Liebe Ann-Marie,*
> *nun sitze ich heulend am PC, nachdem ich deine Zeilen gelesen habe. Ich wusste das alles nicht. Ich meine, ich wusste nicht von dieser Entwicklung! Ich hörte nur mal kurz nach dem Kontakt mit Milla über Lea, dass Milla wohl voll ins Schwarze getroffen hätte ...*
> *Ich bin sehr dankbar, dass ich dies nun erfahren darf. Dass Milla von ihrem Krebsgeschwür im Mund befreit ist. Und ich bin unseren tierischen Gefährten so sehr dankbar, deinen wie meinen! Obwohl die Tierkommunikation ja mein Alltag ist, bin ich immer*

wieder aufs Neue so tief berührt, dass ich vor Freude grad losheulen muss. Kannst du dir das vorstellen?
Mit vielen Grüßen von einer glücklich-heulenden Ingrid Rose

Ann-Marie erlaubte mir von Herzen gerne, die Geschichte von Millas Heilung zu veröffentlichen.

Pascha   Felix

Felix und Pascha auf Stallsuche

Petra E. wandte sich im Februar 2006 an mich. Sie fragte sich schon lange, ob der Hof, auf dem ihre beiden Wallache, Felix und Pascha, untergebracht waren, der richtige Platz für die beiden war, vor allem seit der Sohn des ehemaligen Betreiber-Ehepaares die Arbeit auf dem Hof übernommen hatte. Außerdem machte sie sich Sorgen um Felix, weil die Stute Chiara, Felix Pferdefreundin, eingeschläfert werden musste. Petra wollte, dass ich ihn frage, ob es etwas gäbe, was ihm über den Verlust hinweghelfen könnte. Schließlich hatte sie noch Fragen zum Futter und wegen Felix' Rückenproblemen zum Reiten.

Felix, ein irischer Vollblüter, war zu diesem Zeitpunkt knapp 17 Jahre alt. Er sollte eigentlich ein Rennpferd werden, wurde jedoch wegen seiner Rückenprobleme verkauft. 1999 kam Felix zu Petra E. und lebte seitdem in einem Stall mit Paddockboxen und täglichem Weidegang – in einer kleinen Herde in der Nähe von Petras Wohnort unweit von Baden-Baden.

Pascha, ein Drakener und 24 Jahre alt, lebte auch in dieser Herde und sollte 2004 von seiner Vorbesitzerin auf einen Gnadenhof gebracht werden. Da hatte Petra E. den Wallach übernommen.

Ich habe Petra E. gebeten, die Ausgangssituation und die Entwicklung nach dem Tiergespräch mit ihren eigenen Worten zu beschreiben:

> *Petra E.: Schon so spät! Jetzt noch schnell zum Stall fahren und schauen, ob's den Pferden gut geht. Hoffentlich begegnet mir keiner. Dieser Zustand zieht sich nun schon seit Wochen dahin, mein Gefühl sagt mir, dass etwas nicht stimmt. Die Pferde werden immer verschreckter, haben traurige Augen. Der neue Mann, der den Stall versorgt, tut den Pferden anscheinend nicht gut, den Menschen auch nicht.*
>
> *Der Alltag holt mich wieder ein, die Sorge bleibt im Kopf. Dann wird Felix' Freundin Chiara eingeschläfert. Die Trauer steht Felix ins Gesicht geschrieben, er leidet schrecklich, und ich leide mit ihm. Die Situation wird immer unerträglicher, ich weiß, dass*

ich was tun muss. Ich wende mich an Frau Fröhling, eine Tierkommunikatorin.

Am 15.2.06 führte ich mein Gespräch mit Felix:

IRF: Wie geht es dir wegen Chiaras Tod/Weggang?
Felix: Ich bin sehr traurig. Chiara war meine Vertraute und Verbündete. Sie hat mich auch als Wallach akzeptiert. Es fällt mir schwer, mich mit den anderen anzufreunden ... alle stehen unter Spannung.
IRF: Fühlst du dich wohl, da, wo du bist? Tut dir jemand weh?
Felix: Der Mann hat sich nicht im Griff. Er haut gegen die Wände, dass wir alle sehr erschrecken. Geschlagen hat er mich noch nicht, aber manchmal fühle ich, steht er kurz davor. Wenn ich vor Schreck nicht gleich das Richtige mache, zum Beispiel. Die Spannung hier steigt, wehe uns, wenn ein Pferd sich wehrt und entlädt ... Irgendwie provoziert er das. Er mag uns nicht, und dann hat er seinen Beweis, dass wir nichts taugen. Er hat eigentlich große Wut auf seinen Vater. Er ist sich dessen nicht recht bewusst, darum ist er gefährlich.
Ein Ort, wo es ruhiger ist, wäre wirklich besser für mich. Aber was machen dann die anderen Pferde? Die Alten sollten wissen, was da passiert. Die anderen Pferdehalter auch, bevor es eskaliert.
IRF: Ist Reiten für dich noch ok? Tut dir der Rücken weh?
Felix: Ich habe nicht mehr viel Kraft, vor allem vorne, Schulterblätter, Brustwirbel. Ich versuche, die Kraft von den Hinterläufen zu holen, bin dort sehr verspannt. Das tut schon mal weh beim Reiten. Es ist schön, wenn jemand auf meinem Rücken liegt. Kinder kann ich gut tragen, leichte Erwachsene, wenn ich mich nicht schnell bewegen muss. Einen leichten Wagen ziehen, mitlaufen. Hab's gern, wenn Petra sich an mich schmiegt, sie soll ihre

Hände auf meine Schulterblätter legen und sanft zu mir sein.
IRF: Ist das Futter in Ordnung für dich?
Felix: Das Futter ist zu nass, doch das ist nicht mehr ganz so wichtig. Bin jedoch übersäuert. Das ist aber auch die ganze Situation hier, wenn man sich nicht wehren darf ...

Dieses Gespräch nahm Petra E. zum Anlass, sich ernsthaft auf die Suche nach einem neuen Stall zu machen. Dieser junge Mann war – so bestätigte es mir Petra E. nach diesem ersten Gespräch mit Felix – „jähzornig, frustriert, wütend, rumschreiend". Sie wollte wissen, ob die Pferde darunter litten. Wie sich bei diesem telepathischen Kontakt herausstellte, wurden ihre schlimmsten Befürchtungen bestätigt. Felix war bereits in osteopathischer Behandlung, und die Sache mit dem Futter, das überwiegend aus Silagefutter bestand, stand in der Priorität nun hinter der Notwendigkeit eines baldigen Stallwechsels. Beide Pferde bekamen eine individuelle Bachblütenmischung, um mit ihrer jeweiligen Situation besser umgehen zu können.

Wenige Tage später rief mich Petra E. wieder an. Sie hatte drei mögliche Ställe gefunden und bat mich, ihre beiden Wallache zu fragen, welche Wünsche sie bezüglich eines neuen Stalls hätten.

In dem folgenden Kontakt mit Felix wechselten sich knappe Aussagen mit ganz deutlichen Bildern ab:

Felix: Platz neben Pascha im Stall – da ist ein Haus, helle Fassade, etwas erhöht (auf Hügel, Bodenwelle) – offener Blick ins Rheintal – Holzgatter (dunkle Bretter) – Büsche als Begrenzung – nicht da, wo großer Sendeturm (negativ) – da, wo Unterstand eher dunkles Holz (Bretter), welliges Gelände da, wo Kinder sind, v. a. ein Mädchen mit roten Wangen, und ein schwarzer Hund ...

> *IRF: Was willst du auf keinen Fall?*
> *Felix: Matschige Plätze, Wasser versickert nicht, schattig, feucht, Stämme als Begrenzung, eher in Senke.*
> *IRF: Was ist ganz wichtig für dich?*
> *Felix: Trockenes Streu, Wärme, keine Zugluft, Licht, Kinder, Nähe zu Pascha, Holzstreu, sodass das Wasser versickern kann. Auf Greifvögel achten (Symbol oder echt) – Ein Pferd mit weißen Füßen ist dort.*
> *IRF: Pascha oder ein anderes Pferd?*
> *Felix: Eine Stute, ganz sanftes Wesen, gescheckt, mit sanftem Blick.*

Noch nie zuvor hatte ich von einem Tier solche klaren deutlichen Bilder empfangen. Es war wie eine Diashow, bei der die Bilder rasch wechselten. Felix hatte mir eine komplette Beschreibung eines Hofes mit Ställen, der umgebenden Landschaft und sogar von Menschen und Tieren, die dort leben, geliefert – und das alles mit Panoramablick. Ich war nun sehr gespannt darauf, ob dieser Platz wirklich existierte – und ob Petra ihn finden würde.

Das kurze Zeit später erfolgte Gespräch mit Pascha verlief gemächlicher. An ihn hatte ich auch noch ein paar andere Fragen zu stellen:

> *IRF: Wie geht es dir, wie fühlst du dich gerade?*
> *Hast du Informationen für uns bezüglich eines neuen Stalls für dich?*
> *Pascha: Bin schon ziemlich müde und gerade etwas wackelig auf den Beinen. Schmerzen vom Knie abwärts, wechselnde Schmerzstärke. Meine Sehkraft ist viel schwächer, links noch besser als rechts, trockene Zunge (Diabetes), Nierendruck. Brauche mehr gutes Wasser, nicht so kalt, ein bisschen salzig. Gicht. Alle meine*

Sinne lassen nach, auch die Ohren. Bin halt schon alt. Und sehr froh, dass Petra mich zu sich genommen hat. Ich bin wirklich sehr dankbar.
Das, was hier auf dem Hof passiert, schreckt mich nicht so sehr. Ich bin Schlimmeres gewohnt. Ein anderer Platz wäre natürlich wunderbar. Fließendes Wasser, Brunnen oder Bach, wäre schön. Ruhe, Beschaulichkeit. Ich bin gerne bei Felix – für mich heißt er übrigens anders, obwohl wir keine Namen benutzen, wie ihr Menschen. Mein Empfinden für ihn hat was mit Holz zu tun, mit starken Bäumen. Meines ist eher das Wasser, die Quelle, das Fließen.
Der Platz bei den Vögeln wäre schon gut. Wenn das nicht geht, gibt es einen mit einem Bach oder Brunnen? Bretterzäune, wie Felix sagte, trockene Plätze, Wärme. Auf frischem Gras laufen gefällt mir gut und tut mir und vor allem meinen Füßen gut. Auch die ätherischen Öle dieser Gräser haben eine Wirkung.
Ich mag die Zärtlichkeiten von Petra, ihre Küsse auf meine Nase und Stirn. Das vibriert so schön.
Wenn es geht, soll sie doch das Lederband abmachen. Ich bin auf meiner Nase sehr empfindlich und könnte mich für ein paar Stunden besser fühlen. Und sie soll mich ganz zart dort streicheln und pusten und mit ihren Lippen berühren und dabei sprechen. Das ist ein so wohliges Gefühl, das geht über meinen ganzen Körper. Wenn sie das tut, könnte ich weinen vor Glück (wäre ich ein Mensch). Es ist damit viel Heilung möglich für viele alte Wunden, viel Aussöhnung. Das ist eine Geste von ihr, die mir besonders viel gibt und bedeutet. Ich kann kaum genug davon kriegen.
Botschaft an Petra: Danke für alles, was du getan hast und tust. Möchte mehr Hafer. Das Wasser hier ist nicht gut. Roggenbrot ist auch nicht gut für mich.

Im Austausch mit Petra stellte sich dann heraus, dass es bei einem der drei Höfe besonders viele Greifvögel gab und dass auch einzelne andere Kriterien konkret zutrafen. Doch leider hatte dieser Hof keine Plätze mehr frei. Die anderen beiden Ställe kamen den Wünschen und Bedürfnissen der Pferde gar nicht oder in zu wenigen Punkten entgegen. Petra suchte also weiter.

Petra E.: Felix bestätigt meine Befürchtungen, macht mir klar, was ich noch nicht zu sehen bereit war. Ein Stallwechsel ist unumgänglich. Aber wohin ... Nahe gelegene Ställe in der Umgebung habe ich angeschaut, aber so richtig überzeugt hat mich keiner. Drei dieser Ställe kommen in die engere Auswahl. Mithilfe der Tierkommunikatorin sollten die Pferde die Auswahl treffen, sie sollten mir sagen, welche Wünsche und Bedürfnisse sie haben. Die Ställe wurden von mir beschrieben und im Gespräch an die Pferde weitergegeben. Das Ergebnis hat mich total verblüfft! So sehr präzise sind die Angaben der Tiere, und es ist schnell klar, welcher Stall in Frage kommt. Die Pferde verwendeten Beschreibungen wie „Orte, an denen Greifvögel sind", oder „Sendetürme". Mit etwas Fantasie kann ich auch leicht herausfinden, was sie sonst noch meinen.

Der von den dreien am besten passende Stall hatte sich jedoch nicht als Lösung entpuppt, da die Besitzer derzeit keine Pferde einstellen wollten. Dann musste es also noch etwas Besseres geben. Also suchte ich weiter, bezog andere Hinweise mit ein wie: Ein Stall, von dem aus man in die Ferne blicken kann, welliges Gelände, es gibt dort ein schönes weißes Haus, ein Mädchen mit roten Wangen, einen Holzschnitzelplatz und eine gescheckte Stute mit weißen Fesseln und einem sanften Blick. Meine Aufgabe war es jetzt, diesen Stall zu finden (gar nicht so einfach).

Anhand der Pferdevorgaben ging ich von Stall zu Stall, am meisten orientierte ich mich an der Stute. Etwa nach zehn gescheiterten Versuchen ging ich noch dem Tipp meines Hufschmiedes nach. Diesen Hinweis hatte ich zunächst hintangeschoben, weil mir seine Bemerkung „der Hof ist etwas chaotisch" doch komisch vorkam.

Es war Freitag und ich hatte am Morgen schon das Gefühl, dass mich etwas unheimlich Liebevolles – es kam mir vor wie ein Engel – geweckt hatte. Später, nach einem unterhaltsamen Mittagessen mit Freunden machte ich mich dann auf den Weg zu diesem Stall. Was dann kam, war überwältigend! Angekommen auf Glattmanns Hof stellte ich fest, dass man von dort aus einen wunderbaren Blick auf die südlichen Schwarzwaldgipfel und das Rheintal hatte, bei klarem Wetter konnte man auch die Vogesen sehen. Das mit dem Fernblick und dem Rheintal stimmte also. Das Gelände war sanft gewellt, es gab nur Weideland, ein bisschen wie in den höheren Bergregionen. Also weiter ... Eine Tür ging auf, ein Mädchen kam heraus, blond und mit roten Wangen. Ein schwarzer Hund rannte neben ihr her. Auch das stimmte! Es kamen noch vier weitere Kinder – mit den Eltern. Ich war auf einem Bio-Bauernhof gelandet, der Vorzugsmilch produzierte, und die hatten auch noch zwei Boxen frei.

Und dann gab es da auch noch die Stute, gescheckt und rechts hatte sie ein halbes Fischauge, darum der sanfte Blick! Den Holzschnitzelplatz fand ich, während wir den Hof anschauten. Alles war perfekt. Während einer langen Unterhaltung merkten wir, dass auch die menschliche Komponente stimmte.

Ich kann die Pferdeboxen mieten. Jetzt, wo der Platz gefunden ist, lasse ich Ingrid Rose Fröhling die Pferde noch einmal fragen, ob alles stimmt ... Alles ist o.k. und sie sind sich einig! Sie verweisen mich allerdings noch auf eine Linie, die sich durch das

Grundstück zieht. Darauf sollten sie nicht stehen. Diese Linie stellt sich als mächtige Naturenergie heraus, sie verläuft quer über einen Weideabschnitt.

Am 20. März 2006 konnte ich den beiden Wallachen die Nachricht übermitteln, dass ein Stallwechsel bevorsteht:

Felix: ... nur schnell weg von hier.
Eine dunkle Linie zieht sich durch das Grundstück ... Bitte prüfe, dass wir nicht auf dieser Linie stehen (Wasserader? Unterirdische Kabel? Kanal?). Es ist unter der Erde, doch wenn man genau hinschaut, sieht man die Zeichen auch oben.
IRF: Hast du eine Idee, wie man diese Energie mildern oder neutralisieren kann?
Felix: Man soll sie sichtbar machen, mit gelben Blumen, die Energie würdigen – Felix bezeichnet die Energielinie gewöhnlich als „Waldschlange, weises Tier" – sie dadurch nutzen, nicht drauftreten, nichts draufstellen. Wenn man das nicht beachtet, schadet sie. Das ist der einzige „Nachteil", wie ich es spüre.
IRF: Was ist mit den Raubvögeln, auf die geachtet werden sollte?
Felix: Die kommen schon auch noch, doch sie sind für diesen Hof nicht maßgeblich. Hier gibt es anderes zu beachten. Ich bin sehr auf die Stute gespannt. Bitte sagt ihr, bevor ich komme, dass ich ein Wallach bin.
IRF: Hast du damit ein Problem?
Felix: Ja, einen Minderwertigkeitskomplex sozusagen ...
IRF: Soll Petra ihr das sagen?
Felix: Ja, nachdem sie von dir gelernt hat, wie man in Kontakt geht ...

IRF: Du weißt gut Bescheid …
Felix: *Oh ja, doch das dürfte dich nicht wundern, andere Tiere haben dich doch auch schon verblüfft.*
IRF: Ja, das stimmt. Gibt es sonst noch was?
Felix: *Gib mir, uns, geistigen Schutz für die letzten Tage hier. Segne das Haus und die Leute hier. Ich will auch etwas aus dem alten Stall mitnehmen, etwas, das schöne Erinnerungen weckt – etwas von Chiara? – oder etwas aus Holz …*

IRF: Hallo Pascha, es gibt bald ein neues Zuhause. Wie findest du das?
Pascha: *Das erleichtert mich sehr. Danke.*
IRF: Felix hat gesagt, dass er dort eine unterirdische Energie wahrnimmt. Spürst du die auch, bzw. weißt du auch davon?
Pascha: *Ja, die Schlange. Vor der habe ich großen Respekt.*
IRF: Kannst du mir schildern, wie du das wahrnimmst?
Pascha: *Es ist eine starke, mächtige Natur-/Erdenergie, sehr wichtig, und man muss wissen, wie man damit umzugehen hat. Schmücken ist gut, vielleicht haben die Kinder eine Idee, wie man das machen könnte. Ich kann mir vorstellen, dass die Leute dort offen für diese Gedanken sind. Ich freue mich sehr auf den Umzug und mein Leben dort. Prüft bitte die Ställe, vielleicht lässt sich die Schlange „umleiten".*
IRF: Das alles ist schon sehr speziell, lieber Pascha, und für mich eine große Herausforderung.
Pascha: *Tja, du hast gefragt. Vertraue mir, vertraue uns. Sag Petra, dass wir es ganz wunderbar finden, welche Mühe sie sich gemacht hat, damit es uns besser gehen wird. Sie hat was gut bei uns …*
IRF: Wie soll sie das verstehen?

Pascha: Das wird sie schon noch merken. Durch diesen Wechsel wird einiges in Gang kommen. Komm uns doch mal besuchen!
IRF: Ja, gerne, das mache ich. Gibt es sonst noch was?
Pascha: Nö – doch: Jetzt freue ich mich auf den Frühling, auf die warmen Sonnenstrahlen und die Menschen.

Petra E.: Die Kündigung auf dem alten Hof gestaltete sich unkomplizierter als befürchtet. Nur noch wenige Tage bis zum Umzug! Als es soweit war, wanderten wir mit den Pferden zu diesem neuen Stall. Nach 2 Std. Fußmarsch waren wir dort. Pascha liebt Kühe. Wie schön, dass es 14 davon hier auf dem Hof gab.
Erstaunlicherweise legten die Pferde innerhalb kürzester Zeit ihren „Schrecken" und andere Symptome ab. Sie liebten die Kinder dort und wenn eines „günstig" an einer Pferdebox stand, zogen sie ihm auch schon mal liebevoll die Mütze vom Kopf. Letztlich bin ich dem Mann im alten Stall dankbar: Ohne seine Wutanfälle hätte ich einen solchen Platz, der für mich die absolute Idylle darstellt, nicht kennengelernt und vielleicht auch viel länger gebraucht, um festzustellen, was für kluge Pferde ich doch eigentlich habe.

Ich habe mich nach diesen Gesprächen mit Felix und Pascha immer wieder gefragt, wie es sein konnte, dass Felix diese vielen Details des neuen Hofes kannte. Und seine fotogleichen Bilder werde ich nie vergessen: das weiße Haus, der weite Blick, das Mädchen mit den roten Wangen. Gibt es die Gabe des Schauens von anderen Orten auch unter den Tieren? Oder hatte er in einem vergangenen Leben schon einmal dort gelebt? In meiner Weltanschauung hat alles Platz, das heißt, ich bin der Ansicht, dass es im

Grunde nichts gibt, was es nicht gibt. Die Schöpfung hält unendliche viele Möglichkeiten, Spielarten und Lebensformen bereit, nur der Mensch begrenzt sich mit seinem Denken.

Also überlegte ich zusammen mit Petra E., ob ich Felix dazu befragen könnte. Was ich dann auch tat. Hier das Ergebnis:

IRF: Woher wusstest du von dem Biohof, von Leika (so heißt die gescheckte Stute mit dem sanften Blick), den Kindern usw.? Warst du in einem früheren Leben schon mal da?
Felix: Ich habe es von Leika erfahren, sie hat mir die Bilder und Infos geschickt.
IRF: Und woher kennst du Leika?
Felix: Ich habe sie schon mal gesehen, bin ihr begegnet. Wir durften aber nicht zusammenbleiben. Ich hatte immer (telepathischen) Kontakt mit ihr. Und als es um einen neuen Platz für mich und Pascha ging und ich sagen durfte, worauf Petra achten sollte, fragte ich meine Seelenfreundin, ob es dort bei ihr noch Plätze gäbe ... und sie schickte mir die Bilder von dort ...

Das klingt alles sehr schlüssig und nachvollziehbar, jedenfalls für mich und Petra E., aber auch für viele andere, die nach einem Tiergespräch ihre Meinung grundlegend ändern durften und die positive bis heilsame Entwicklung nach der telepathischen Kommunikation erfahren haben. Dass Tiere in einem vorigen Leben als Mensch auf der Erde gelebt haben, ist für mich nichts Neues mehr. Ich weiß das auch von weiteren Tieren anderer Art. Ich vermute oder „glaube", die Schöpfung bzw. Gott hält sich nicht an unsere begrenzten Vorstellungen. Das, was wir bereits entdecken konnten und sicher wissen, oder auch die Begrenzungen dessen, was wir glauben wollen, glauben dürfen oder müssen, schränkt das Göttliche sicher auch nicht ein. Und das liebevolle

„Große Ganze" nimmt auch keine Rücksicht auf die Beweissüchtigen und Besserwisser, oder auf die emsigen Wissenschaftler, die letztlich mit dem Beweisbaren hoffnungslos hinter dem Tatsächlichen herhinken.

Für Petra E. begann eine entspannte und freudvolle Zeit. Sie fuhr jetzt richtig gerne zu ihren Pferden und sie genoss die herzliche Atmosphäre auf dem Hof. Es ergaben sich für sie noch andere positive „Nebenwirkungen" – so wie Felix es versprochen hatte. So konnte sie sich endlich einen lange gehegten Wunsch erfüllen und mit den Kindern des Hofbesitzers und anderen Kindern aus dem Dorf kreative Nachmittage gestalten: Backen, Kräuter sammeln zum Beispiel (sie wollte schon immer mal mit Kindern so etwas unternehmen, hatte aber weder eigene Kinder noch sonst die Gelegenheit dazu). Der Preis für die Versorgung reduzierte sich, da sie, wenn sie Zeit hatte, im Stall mithelfen konnte, was sie sehr gerne tat.

Schließlich hatte sie noch einen anderen Traum, nämlich den von einem eigenen Pferdehof mit noch mehr eigenen Pferden ... doch das ist eine andere Geschichte.

Natürlich besuchte ich die beiden Wallache in ihrer neuen Heimat und konnte mir die telepathisch empfangenen Bilder in natura ansehen. Wirklich verblüffend! Es war tatsächlich so wie auf den Bildern, die Felix mir geschickt hatte. Außerdem wollte ich auch dem Hinweis auf die geheimnisvolle Linie nachgehen. Mit etwas Abstand betrachtet konnte ich gut erkennen, wie sich vom Wald ausgehend eine schlangenförmige Linie hangabwärts über die Weideflächen neben den Hofgebäuden zog. Ich hatte die Erlaubnis der Hofbesitzer, mich frei auf dem Gelände zu bewegen. Petra hatte ihnen auch schon von der besonderen Energie erzählt – und so waren alle neugierig auf das Ergebnis meiner „Untersuchung".

Diese sah so aus, dass ich mich langsam an der Linie entlangbewegte und eine Stelle suchte, die sich mir als geeignet zeigte, um zu spüren und innerlich zu lauschen. Als ich diese Stelle gefunden hatte, hörte ich in mir die Aufforderung, mich bäuchlings flach auf den Boden zu legen. Und die Energie teilte sich mir als sehr mütterlich, bewahrend und äußerst fruchtbar mit, als heilsam auch für Menschen mit traumatischen sexuellen Erfahrungen und Missbräuchen, heilsam auch für Frauen mit Unterleibsbeschwerden, bei Unfruchtbarkeit von Männern und Frauen. Ich lag so bestimmt eine halbe Stunde da, ganz eingehüllt in diese heilsamen Qualitäten dieses Erdbettes. Es flossen Tränen des Glücks über dieses Geschenk, Tränen auch über noch ungeheilte Wunden in meiner Vergangenheit, doch war ich schnell getröstet durch die Gewissheit, dass ich jederzeit an diesen Ort zurückkehren könnte, um weiter Heilung zu empfangen.

Das Besitzerehepaar blickte sich lachend an, als ich die hohe Fruchtbarkeit erwähnte. Diese Qualität hatten sie ja schon erfahren dürfen. Als ich spontan über meine Idee sprach, mit interessierten Menschen hierher zu fahren, zu forschen, zu experimentieren und Heilsitzungen zu nehmen, erhielt ich von ihnen ebenso spontan die Erlaubnis dafür: „Wenn ihr nicht mit Bussen kommt und die Tiere scheu macht!", war die einzige Bedingung.

Leider konnte ich diese Idee nicht weiter verfolgen. Es waren doch über 100 Kilometer Entfernung, und ich fand einfach nicht die nötige Zeit dafür. Ich bedaure das noch heute – aber wer weiß?

Tierbotschaften: Heilungsimpulse für die Beziehung zwischen Mensch und Tier

Sie, liebe Leserinnen und Leser, haben teilgenommen an Geschichten, in denen Menschen auf ihren Weg der Heilung gefunden haben – und Geschichten, in denen das Heilwerden eines Tieres im Vordergrund stand. Nun stelle ich Ihnen Menschen und Tiere vor, in deren Geschichten es um die Heilung ihrer Beziehung zueinander geht. Denn es ist ja großteils die Beziehung der Menschheit zu den Tieren, die unbedingt geheilt werden möchte. Dieses Verhältnis ist doch überwiegend davon geprägt, dass das Töten der Tiere legalisiert worden ist – gemäß dem moralisch fehlinterpretierten Bibelwort: „Machet euch die Erde untertan."

Zu einem Tierkommunikations-Seminar im März 2008 meldete sich auch eine Pfarrerin an. Ich war erstaunt darüber, dass sich Menschen aus dieser Berufsgruppe für Tierkommunikation interessierten. Mit Kirche habe ich schon seit vielen Jahren keinen näheren Kontakt mehr, dafür umso mehr eine gefühlte Nähe zu Gott und all seinen Geschöpfen. Nach Jahrzehnten der Leugnung von Gott und des Schimpfens auf die Kirche – bis hin zur totalen Abkehr und Hinwendung zu spirituellen Angeboten der fernöstlichen Welt – fand ich zurück zu „meinem" Gott und sehe mich heute gut aufgehoben in seiner Hand. Vor allem während meiner telepathischen Kontakte mit den Tieren fühle ich mich Gott ganz nahe. Ich lebe diese tief empfundene Gottesnähe auf meine Weise, ohne amtliche Zugehörigkeit zu einer religiösen Gruppe oder Kirche. So war ich sehr neugierig auf diese Teilnehmerin – und auf die mich erwartende Herausforderung.

Diese Pfarrerin wird nun selbst beschreiben, was bei ihr durch den Kontakt mit Tierkommunikation angeregt und in Fluss gekommen war, vor allem hinsichtlich ihrer Beziehung zu Tieren:

Fox   *Shiva*

Shiva, Fox und der Auftrag für die Pfarrerin

Birgit P.: *Wenn ich heute zurückblicke auf jenen denkwürdigen Tag, an dem meine Hündin Shiva und ich Herzenskontakt hatten, dann erkenne ich, dass mein Denken bezüglich der Tierwelt einer Aktienkurve gleicht. Als Kind war ich mit Tieren sehr vertraut. Sie waren ein nicht wegzudenkender Teil meines Lebens. Mein Großvater lehrte mich, den Wald zu lieben mit allen Tieren*

> *und Pflanzen. Dieser Lebensraum ist mir bis heute eine Zuflucht und eine Heimat. Und auch sonst bekam ich von meinen Eltern eine Erziehung, bei der die „Ehrfurcht vor dem Leben" – mit Albert Schweitzers Worten – im Vordergrund stand.*

Birgit P. erinnert sich noch sehr genau an einen Nachmittag, an dem ein Schulfreund Regenwürmer in einen Zaun knüpfte und sie schließlich zerriss. Sie empfand beim Zusehen Schmerz und hinderte ihn daran, mit dieser Quälerei fortzufahren. Ihn schien es dagegen zu amüsieren, was Birgit wiederum nicht nachvollziehen konnte: Es war doch Leben, was da zerstört wurde – vollkommen sinnlos! Gut, es war „nur" ein Regenwurm, aber es war Leben! Sie freute sich immer daran, zu beobachten und wahrzunehmen, was um sie herum geschah und lebendig war. Zerstörung war nicht ihr Ding, da hatte die Erziehung ihrer Eltern wohl ganz gut gefruchtet, die ihrerseits von Kriegserlebnissen geprägt waren und im Herzen den festen Satz trugen: „Nie wieder Krieg!"

> **Birgit P.:** *Irgendwann las ich den Satz Gandhis, der mich tief beeindruckte und seither nicht mehr losließ: „Man kann eine Kultur daran messen, wie sie die Tiere behandelt." Natürlich hat mich auch Albert Schweitzer geprägt mit seiner schon oben erwähnten „Ehrfurcht vor dem Leben". Und mein fester Glaube an einen liebenden Schöpfergott, dem das Schicksal seiner Schöpfung auch am Herzen liegt – und zwar all seiner Schöpfung, nicht nur manche Teile!*
> *Schließlich kann ich auch noch die Bio-Ethik-Debatten anfügen, die mich im Theologiestudium immer wieder fasziniert haben. Vor allem der Ethiker Peter Singer, der eine sehr steile These vertrat, an der sich viele Geister schieden. Er sagte, dass man Leben nicht gegeneinander ausspielen dürfe; dass es kein höher oder niederer*

zu bewertendes Leben gäbe. Das kann dramatische Konsequenzen im Alltag haben.

Trotz solcher sie prägenden Gedanken verlor sie diesen Weg mit der Zeit aus den Augen, bis sie im Jahr 2001 ein Schöpfungs-Buch von Eugen Drewermann in die Hände bekam. Darin sagt der Autor, dass es eigentlich falsch sei, nur in Menschenprojekte zu spenden. Das würde den Menschen in den Vordergrund der Schöpfung stellen. Es wäre auch nötig, etwas für Tiere zu tun und für die ganze Natur. Erschrocken stellte Birgit fest, dass sie doch tatsächlich auch zu diesen Menschen gehörte. Was war mit den Tieren? Daran hatte sie gar nicht gedacht! Sie änderte das und spendete fortan auch für Tiere: Futter für ein Tierheim, hier und da steckte sie Geld in Projekte bekannter Tierschutzorganisationen. So änderte sich ihr Fokus wieder.

Birgit P.: *Im Dezember 2002 bekam ich zum ersten Mal in meinem Leben einen Hund. Fox hieß der Rüde. Er verbrachte seine ersten beiden Lebensjahre in einem Tierfutterversuchslabor. Wir wurden nach anfänglichen Schwierigkeiten ein gutes Team, das bald mit der Hündin Shiva zu einem Trio erweitert wurde, die aus einem Tierheim stammte und schon viel Leid erfahren hatte. Durch Shiva, die eine Allergie hatte, die schulmedizinisch offenbar nicht anders als durch Spritzen in den Griff zu bekommen war, kam ich zu einer Tierhomöopathin. Sie konnte gut helfen. Auf ihrer Homepage entdeckte ich den Link zu einer Tierkommunikatorin, und die folgenden Begegnungen und Tiergespräche veränderten meine Weltsicht noch einmal auf neue Weise.*
Zuerst meldete ich mich zu einem Basis-Seminar über Tierkommunikation bei Frau Fröhling an. Da am zweiten Vormittag des

Seminarwochenendes – einem Sonntag – zwei Gottesdienste auf meinem Dienstplan standen, musste ich auf einige Seminarstunden wohl oder übel verzichten. Aber das würde schon irgendwie gehen, dachte ich …

Ich möchte noch nachtragen, dass sich zu diesem Seminar nur insgesamt 4 Personen angemeldet hatten, darunter auch eine sehr skeptische Mutter mit ihrer 12jährigen Tochter. Also keine ganz einfache Gruppe. Von einer heftigen Erkältung hatte ich mich selbst noch nicht wieder ganz erholt, auch von den Teilnahmegebühren würde nicht viel für mich übrig bleiben, da ich am Seminarort in einem Hotel übernachten, die Reisekosten decken und einen Sitter für meine Katze bezahlen musste. Ich überlegte also, ob ich das Wochenende absagen sollte? Doch solche Entscheidungen kläre ich immer mit meinen geistigen Helfern oder meinen Tieren ab. Purzel antwortete knapp aber bestimmt auf meine Frage: Seminar ja oder nein:

Du machst es – wegen der Pfarrerin!

Ich fügte mich (fast) immer ihren Ratschlägen und erlebte stets aufs Neue, welche wertvollen, wundersamen, ungeahnten Möglichkeiten sich dann für mich – und andere Menschen – eröffnen. Für die Pfarrerin war ich sogar bereit, meine Mittagspause am Sonntag zu opfern, um ihr in diesen zwei Stunden das Wichtigste des durch den Gottesdienst verpassten Vormittags zu vermitteln. Ich machte mir viele Gedanken darüber – doch es kam anders:

Birgit P.: Das „irgendwie" besorgten die Hunde selbst: Sie sausten eines Tages so sehr durch die Gegend, dass ich mit einem abrupten Ende meines täglichen Spazierganges und mit gebro-

> chenem Bein im Krankenhaus landete und plötzlich jede Menge
> Zeit hatte. Und das war auch gut so.

Birgit P.s Bedenken, ob es nicht zu kompliziert oder aufwändig sei, wenn sie im Rollstuhl zum Seminar käme, wischte ich weg mit dem Satz:

> *Ach, genießen Sie es doch, wenn Ihnen alles nach- und zugetragen wird an diesem Wochenende.*

Während des Seminars spürte ich immer wieder Blockaden bei Birgit. Es war, als ob das gerade Gehörte und Erfahrene nicht in das vorhandene Weltbild passen würde, ja sogar nicht hineinpassen „dürfe". Doch darüber konnte ich erst später einmal mit ihr sprechen.

Am 3. April 2008, wenige Wochen nach ihrem Unfall und dem Tierkommunikationsseminar, wurde ich von Birgit P. beauftragt, eine telepathische Kommunikation mit Fox zu führen. Hier ein Ausschnitt:

> *Fox: Auf diesen Augenblick warte ich schon lange. Jetzt ist Birgit offen dafür, Zusammenhänge zu erkennen, offen, diese zumindest anzuschauen, sie für möglich zu halten. Ob sie es wohl akzeptieren kann, wenn ich sage, dass wir, Shiva und ich, sie auf diesen Weg gebracht haben, ganz bewusst? Oder dass Jesus durch uns spricht und handelt, weil sie manchmal taub ist und Infos abblockt, die sie verunsichern?*
> *IRF: Hui, und du meinst, ich soll Birgit das so mitteilen?*
> *Fox: Ja, meine ich.*
> *IRF: Na gut, wird schon gut gehen. Magst du jetzt auf ihre Fragen antworten?*

Fox: Ja klar, ich muss aber noch was sagen ... Ich bin ja ein spiritueller Hund, ein Pfarrerinnenhund. Das verpflichtet mich. Und ich habe mir zur Aufgabe gesetzt, dieser Menschenfrau etwas über Zusammenhänge beizubringen – oder anders: Ich möchte sie darauf hinweisen, dass, ähnlich wie bei Menschen in Gemeinschaften, auch in Artenmixgemeinschaften manchmal Wesen Themen von anderen Wesen übernehmen, spiegeln. Wir Tiere werden ja noch immer maßlos unterschätzt, werden auf Instinkte reduziert. Ich möchte Birgit wachrütteln, ihr die Augen öffnen und neue Wege zeigen ... Wir wünschen uns eine Pfarrerin für Tiere, jemanden, der mit vollem Ernst und Überzeugung für Tiere einen Gottesdienst hält, zusammen mit ihren Menschen, doch die Tiere sollen angesprochen werden ...
Wenn Birgit es für wahr nehmen kann, dass wir Tiere in das Gefühls- und Gedankennetz der Menschen und allem, was lebt, eingebunden sind, wird sie eines Tages eine Predigt für uns alle halten können, die alle Wesen tief berührt und zur Heilung der riesigen Wunde in der Beziehung zwischen Mensch und Tier beiträgt.

Wir sind Wesen göttlichen Ursprungs, mit Sprache, Herz, Sinnen, Verstand. Wir wollen mit den Menschen sein, ihnen dienen und helfen. Und das nicht nur aus unserer Form heraus (er meint damit z. B. als Reitpferd oder Blindenhund ...), sondern aus unserer Seele heraus. Einwände wie: „Na, soll jetzt mein Hund auf die Kanzel?" sind reine Abwehr, Unsicherheit, Ängstlichkeit. Es geht nicht darum, dass wir menschliche Rollen einnehmen, vermenschlicht werden. Bloß nicht. Doch wir wollen als das gesehen und behandelt werden, was wir außer unserem Fell, unserer Form auch sind: göttlicher Ausdruck, Teil der Schöpfungssymphonie, die ohne uns klang- und farblos, ohne euch klang- und farblos wäre. Jeder Ton, jedes Wesen ist wertvoll, nicht nur zum Auffressen!

Ende der Tierkommunikation mit Fox.

Birgit P.: Nach dem Seminar begann für mich ein schwieriger Prozess mit vielen Fragen und neuen Gedanken: z. B. der Gedanke, dass alles mit allem verknüpft sein sollte und zusammengehörte. Und dass alles Energie war und auf Energie reagierte. Das hatte ich so noch nicht gedacht.
Was bedeutete das für das Zusammenleben mit meinen Tieren? Ehrfurcht zu haben vor dem Leben – ja, und das Wissen um Gottes Funken in der Schöpfung. Offensichtlich hatte ich wieder etwas in meine Welt zurückzuholen, was ich früher schon einmal besser in mein Leben und Gedankengut integriert hatte – doch was ich erfahren sollte, ging noch darüber hinaus.

Bevor Birgit P. weitererzählt, möchte ich noch hinzufügen, dass ich immer wieder erlebe – und so war es ja auch bei mir – dass es für medial begabte Menschen so sehr normal ist, Empfindungen, Gefühle oder andere Botschaften von anderen Wesen wahrzunehmen, dass sie erst einmal völlig irritiert sind, wenn ich ihnen eine Methode dafür anbiete. Häufig verkrampfen diese Menschen dann und blockieren ihren vorhandenen natürlichen Zugang. Zum Glück lässt sich das meistens bewusst machen und der Zugang sich wieder öffnen. Bei Birgit konnte ich sehr deutlich ihre Herzensenergie spüren, ihre empathische Begabung. Doch auch hierüber gab es erst nach dem Seminar die Möglichkeit für einen Austausch. Birgit P. behauptete einfach nur immer wieder, dass telepathische Tierkommunikation bei ihr nicht klappen würde.

Tiere öffnen Menschenherzen

Bei der Abschlussrunde des Seminarwochenendes beeindruckten uns alle zutiefst die Worte der 12jährigen Alana, die in der Schule angeblich Konzentrationsschwierigkeiten hatte, bei dem Seminar jedoch die ganze Zeit hochinteressiert bei der Sache war und verblüffend viele richtige Antworten von den Tieren auf die Übungsfragen erhalten hatte – auch zum großen Staunen ihrer Mutter. Alana also teilte uns mit, dass sie die starke Herzensenergie von Birgit ganz deutlich gespürt und sehr genossen hätte, dass da ganz deutlich etwas fließen würde und dass sie sich dafür bedanken wollte. Sie hatte auch für die anderen Teilnehmerinnen und für mich wohlbedachte Worte, die uns zu Tränen rührten und keine nur so dahin gesprochenen netten Komplimente waren. Sie hat uns alle vergessen lassen, dass sie erst 12 Jahre alt war, und schenkte uns einen Einblick in ihr großes inneres Potenzial.

In meinen Seminaren mache ich die Teilnehmerinnen und Teilnehmer mit einer bestimmten Form der „Herz-zu-Herz-Verbindung" vertraut, um auf dieser Ebene in telepathischen Kontakt mit Tieren zu gehen. Die meisten Menschen sind auf dieser Ebene sehr offen, doch es gibt auch noch andere Möglichkeiten für eine telepathische Verbindung. Damals konnte Birgit P. diese Herzensqualität bei sich vielleicht noch nicht so deutlich spüren oder sie bewusst einsetzen. Doch wenn etwas offenbar werden soll, wenn ein Potenzial endlich gelebt und ausgedrückt werden will, sorgt die Seele für weitere Gelegenheiten, für andere dienliche Impulse, so auch in Form von den gerade genau „richtigen" Büchern:

> *Birgit P.:* In den Pfingstferien 2009 las ich das Buch: „Geh den Weg der Liebe" von Lency Spezzano. Darin beschreibt sie ihre Herzenskontakte und wie es überhaupt zu ihrer Arbeitsweise

kam. Sie kommunizierte mit dem Herzen mit Jesus, weil sie das Wesen seiner Liebe erfahren und etwas vom christlichen Glauben verstehen wollte. Ich dachte: Das müsste ich doch auch können! Und so war es. Wunderbar war diese Erfahrung!

Nach dem Seminar hatte sich zwischen uns eine Freundschaft entwickelt. Dadurch kann ich zu Birgits Geschichte auch mein Erleben einfließen lassen. Als Birgit P. mir ganz begeistert von diesem Buch und ihren Erfahrungen erzählte und fast in einem Atemzug wieder sorgenvoll von ihren Problemen mit Shiva sprach, kam ganz spontan der Satz über meine Lippen: *Mach das doch mal mit Shiva!*

Birgit P.: *Mit Shiva hatte ich zu dieser Zeit einige Probleme. Irgendwie stimmte die Chemie zwischen uns nicht. Sie gehorchte nicht, machte eher sogar das Gegenteil von dem, was ich wollte. Ich war erst etwas skeptisch, als Ingrid Rose mich anregte, diese Herzensübung mit Shiva zu machen. Doch ich nahm mir am selben Tag noch Zeit dafür.*

Es war für mich sehr erschütternd und auch wieder frohmachend, was nun folgte. Ich spürte Shivas Traurigkeit über ihr „Nicht-so-angenommen-Sein", wie sie es sich wünschte. Mir wurde plötzlich ganz viel bewusst und ich verstand alles neu, vielleicht auch durch die Übermittlung meiner Hündin. Ich liebte meine Hündin, daran gab es gar keinen Zweifel. Aber ich sah sie nicht als gleichwertig an. Da war das Singer-Dilemma wieder! Ich hatte durch die inzwischen entstandene Freundschaft mit Ingrid Rose viel erfahren über Tiere und deren Fähigkeiten, über den Tier- und ihren Weisheitskörper. Aber es schien mir persönlich undenkbar, ja geradezu grotesk, einen Rat bezüglich meines Lebens von meinem Hund anzunehmen.

> *Das wurde mir durch den Herzenskontakt mit Shiva alles so offen gelegt und eindeutig klar. Ja, ich begriff, dass ich die ganze Schöpfung tief in mir so sah: Ich siedelte sie nicht auf gleicher Ebene an wie Menschenleben, obwohl sie mir wichtig war. Jetzt – im Herzenskontakt – spürte ich diese Kluft! Sie wurde mir zum ersten Mal in meinem Leben überhaupt bewusst. Und es schmerzte mich unendlich.*
> *Ich weinte darüber lange an Shivas Seite. Dann bat ich sie persönlich um Verzeihung und auch stellvertretend im Namen der Schöpfung und sagte, dass ich spüre, was los sei und dass ich das ändern wollte. So konnten wir uns versöhnen – und es entstand Heilung. Tiefe Wunden konnten offensichtlich geschlossen werden. Ich spürte sehr viel Liebe von ihr zu mir fließen – überwältigend. Das machte mich sehr glücklich. Und umgekehrt ließ ich aus vollem Herzen Liebe zu ihr fließen.*

Von diesem Moment an hat sich ihr Verhältnis völlig verändert – bis heute. Shiva schaut nun bei Spaziergängen stolz zu Birgit auf, bleibt in ihrer Nähe, wenn sie die Leine löst. Und ist ein fröhlicher umgewandelter Hund. Ja, sie hat ein neues Selbstbewusstsein entwickelt und das sieht man ihr an. Sie weiß, dass sie von Birgit neu und grundlegend anders angeschaut wird – das tut ihr gut. Und Birgit erst!

> *Birgit P.: Für mich war es sehr wichtig, diese Erfahrung tatsächlich gemacht zu haben – gespürt zu haben, welche Trauer die Kluft zwischen den Spezies hervorruft. Und dass ich oft so nah dran war, das Richtige zu tun, aber doch noch nicht am Ziel angekommen war. Das gilt es also auch zu beachten, dass man den eigenen Standard aufrechterhält und seine Verhaltensweise immer mal wieder hinterfragt. Das werde ich mir merken. Wie gut, dass*

unsere Tierfreunde uns dabei unterstützen. Sie tun das in Liebe und ohne nachtragend zu sein. Ein Tier lebt viel eher im JETZT als die meisten Mensch es vermögen! Jetzt ist die Zeit der Liebe. Jetzt gilt es, Wertschätzung zu zeigen! Jetzt gilt es, ganz da zu sein für das geliebte Tier.
Ich habe neu für mich entdeckt, dass Heilung und Heil für das Ganze nur dann entstehen können, wenn alle Teile des Ganzen ernst genommen und geliebt werden als Wesen, die von Gott kommen. Im Grunde ist das simpel und klar. Und es muss gelebt werden. So ergab sich daraus für mich persönlich die Konsequenz, dass ich Vegetarierin – wenige Jahre später auch Veganerin geworden bin.
Eine andere Konsequenz sind meine „Gottesdienste für Mensch und Tier". Zwei haben wir schon miteinander gestaltet, Frau Fröhling und ich, zuletzt sogar ökumenisch. Mein Hund Fox hat dies im ersten telepathischen Gespräch angeregt. Er sei ein spiritueller Pfarrerinnenhund und dafür da, mich auf diese neuen Gedanken zu bringen. Tiergottesdienste gab es schon an vielen Orten in Deutschland und der Schweiz, aber nicht in diesem neuen Bewusstsein. Das war wirklich neu für mich. Doch inzwischen gehört es zu meinem Denken dazu.

Fox hatte sich das alles lange schon gewünscht – und kurz nach Birgits Beinbruch die Gelegenheit bekommen, dies zu formulieren. Hier noch ein weiterer Auszug aus der Kommunikation mit Fox vom 3. April 2008:

Fox: Es geht darum, dass Birgit ihren Glauben öffnet für unsere tierischen Anliegen, ihren Glauben auch auf uns überträgt, uns mit einbezieht, mit uns betet, nicht nur für uns. Wir sind immer mit unserem göttlichen Ursprung verbunden – ganz bewusst. Was man von den Menschen wohl nicht sagen kann, oder? Wir wissen um unsere Aspekte von Geist/Seele und Körper, von den Begrenzungen in unserer Form und von der Freiheit unserer Seele. Und die Menschen? Hängen die meisten nicht in ihrer Form fest, glauben, das sei alles? Und brauchen sie nicht oft viele Jahre Therapie, um mal über ihren Tellerrand rauszuschauen oder ihre Essenz spüren zu können? Wir brauchen das nicht.

Ende des Auszugs aus der Kommunikation.

Birgit P.: *Beide Gottesdienste hat er miterlebt – und wie soll ich es sagen: Er war stolz auf mich und ich war glücklich, weil ich spürte, dass das, was ich tat, gut und stimmig war und letztlich Heilung hervorbrachte.*

Ich kann nur allen Menschen wünschen, einmal Herzenskontakt zu ihrem Tier zu haben und zu spüren, was nicht stimmt, um dann konsequent umzudisponieren im Alltag. Dann dürfen sie auch wieder von der Ehrfurcht für ihr eigenes Leben sprechen und sich selbst wünschen, so behandelt zu werden.

Birgit P.s Geschichte ist die Geschichte der Heilung einer Beziehung zwischen Mensch und Tier. Sie gibt damit ein wundervolles Beispiel, dass diese geheilte Beziehung nichts für sich Stehendes ist, sondern dass die heilsamen Wirkungen bei Birgit und bei Shiva und Fox offensichtlich wurden. Birgits Wunsch, dass jedem Menschen die Erfahrung zuteilwerden darf, diesen Herzenskontakt mit dem eigenen oder einem anderen Tier zu erleben, möchte ich an dieser Stelle hunderttausendmilliardenfach wiederholen.

Tierbotschaften: Heilungsimpulse für Menschen

Max, Chali, Chalou ... und die anderen

Ich wuchs in einem kleinen Schwarzwalddorf auf. Meine Eltern hatten sich nicht weit entfernt vom Bauernhof der Großeltern in einem ehemaligen Bauernhaus niedergelassen. Meine beiden älteren Brüder und ich mussten im Sommer und im Herbst bei der Kartoffel- und Heuernte helfen. Das empfand ich als angenehm. Ich erinnere mich auch daran, bei solchen Feldarbeiten „Erscheinungen" am Himmel gesehen zu haben, zum Beispiel ein wundervolles Kreuz aus Licht. Meine Begeisterung darüber wurde schnell gebremst mit solchen Worten wie:

Ach, du spinnst doch! oder:
Schaff lieber was, dann kommst du nicht auf solche Gedanken.

Meistens jedoch wurde ich furchtbar von meiner Mutter verhauen, wenn ich ihr von meinen Erlebnissen erzählen wollte. Ich kann mich nicht mehr an ihre Begründung für diese Strafen erinnern. Rückwirkend betrachtet habe ich mir damals wohl geschworen, nie mehr „so etwas" sehen zu wollen – aus lauter Angst vor Prügelstrafe. Später, als Erwachsene, hatte ich oft Zweifel, ob ich mir diese Wahrnehmungen nicht tatsächlich nur eingebildet hatte. Erst der Austausch mit Menschen mit ähnlichen Erfahrungen gab mir das Gefühl, doch richtig zu ticken und meinen Erinnerungen vertrauen zu dürfen.

Auf den Fotos aus meiner Kindheit habe ich stets ein sehr ernstes und verschlossenes Gesicht, ich wurde sogar weinend inmitten von fröhlich dreinschauenden Kindern fotografiert. Als ich später bei meinen Eltern nachfragte, hieß es entweder ich sei trotzig gewesen oder es sei doch allemal ein nettes Motiv.

Es gibt auch noch andere Erinnerungen. Ab und zu bekam mein Vater von seinen Eltern als Lohn für seine Mithilfe auf ihrem Hof ein Schwein. Das wurde dann vor unserem Haus neben dem Brunnen geschlachtet. Es gibt vor allem ein Bild, das sich in meinen Erinnerungen eingegraben hat: Ich war vielleicht 4 oder 5 Jahre alt und ich versteckte mich hinter der Scheune am Hang zum Wald hin. Das obere Scheunendach reichte fast bis zum Boden und bot einen trockenen Lagerplatz für Leitern, Schubkarren und andere Gerätschaften … also ein gutes Versteck für mich. Meine Mutter rief nach mir, doch ich antwortete nicht, kauerte zwischen den Geräten und konnte, wenn ich um die Ecke schaute, den Platz am Brunnen sehen und beobachten, was dort passierte. Damit ich das Quieken des Tieres in seiner Todesangst nicht hören musste, drückte ich meine Finger in die Ohren. Die Augen kniff ich gleich mit zu. Ich erstarrte. Irgendwann gab es einen dumpfen Knall, dann hörte auch das Quieken auf. Obwohl ich es eigentlich nicht ertragen konnte, was ich sah, musste ich immer wieder runter zum Brunnen schauen, sah Eimer voller Blut, Wasserdampf, die glänzenden und blutbespritzten Gummischürzen des Metzgers und seiner Helfer. Ich fühlte einen tiefen Schmerz, ich fühlte, dass da etwas geschah, was ganz und gar gegen mein Fühlen war, gegen das, was ich – so kann ich es nur rückblickend sagen – empfand mit meinem Kleinmädchenherzen. Ich konnte über diesen Schmerz mit niemandem reden und lernte, ihn irgendwo in mir gut zu verstecken.

Tage später lagen die Schweinshälften zum Selchen in Holzbottichen in einer Kammer im Kellergeschoss, und ich musste einige Zeit lang die großen Fleischstücke täglich mit dem Salzwasser übergießen, bevor sie dann in die Räuchergewölbe über der Küche auf dem Hof meiner Großeltern gehängt wurden. In der Kammer, in der die Bottiche standen, hingen auch die Würste zum Trocknen auf quergelegten Besenstielen und Wäscheleinen. Die gebratenen Würste aß ich gerne, den Speck dann auch, wenn er aus der Räucherkammer kam. Der Zusammenhang zwischen dem Schlachten und dem Ergebnis auf dem Teller war mir verloren gegangen – oder ich hatte ihn verdrängt – ich weiß es nicht mehr.

Noch eine Erinnerung: Eines Tages war plötzlich ein Hund da, er war uns zugelaufen. Meine Eltern behielten ihn und ich hatte das Gefühl, er war extra zu mir gekommen und es sei mein Hund. Er wurde Max genannt. Meistens saß er vor dem Haus an einer langen Schnur, damit er nicht weglaufen konnte. Max hatte ein goldgelbes kurzes Fell, ein Gesicht, das mir sofort Vertrauen einflößte. Mein Vater sagte, er sei eine Promenadenmischung. Ich glaube, es waren nur wenige Wochen bis zu einem Morgen vergangen, als ich hörte, Max sei vergiftet worden und sie würden jetzt den Jäger holen, der würde den Max mit in den Wald nehmen und erschießen. Nach langem Betteln zeigte mir mein Vater den Platz im Wald, wo Max vergraben war. Wieder wurde ich mit diesem schneidenden Schmerz konfrontiert, wieder war ich allein damit und wieder verdrängte ich ihn in das Versteck, das mittlerweile schon einiges an Schmerzen aufnehmen musste, denn geschlachtet wurde mindestens einmal im Jahr. Und dann verschwanden ja auch regelmäßig die jungen Katzen, die im Heu ihr Nest hatten. Ich weiß nicht, ob es mein Vater war oder der Jäger, der die kleinen Wesen in einen Sack steckte und in einen Teich in der Nähe warf. Das musste ich zum Glück nie mit ansehen, doch meine Fantasie reichte aus, um mir vorstellen zu können, was da passierte und wie furchtbar es sein musste für die

Katzenbabys, qualvoll zu ertrinken. Und es war furchtbar auch für mich. Meine Schmerzkammer wurde immer voller.

Es gab noch viele andere gewaltsame Erlebnisse – psychisch und körperlich – in meiner Kindheit. Auch darauf konnte ich immer nur auf die gleiche Weise reagieren: In meiner Angst und meinem Schmerz zu erstarren, zu schweigen, zu verdrängen, zu funktionieren.

Mit knapp 17 Jahren zog ich von zu Hause aus in die nächste größere Stadt, löste mich aus der elterlichen (Befehls-)Gewalt und ging meine eigenen Wege. Ich suchte mir eine Lehrstelle und ein möbliertes Zimmer. Bald lernte ich meinen ersten Freund kennen, brach die vielversprechende Ausbildung ab und zog mit ihm quer durch Deutschland, landete schließlich auch in Mailand und – zurück in Deutschland – in der Gastronomie. Dort interessierte sich niemand für meine brillanten Schulzeugnisse und den überdurchschnittlich hohen IQ, auch nicht für den empörten Protest der Rektorin oder meines Lehrmeisters, als ich zuerst die Schule und dann auch die Lehre abgebrochen hatte. Als ich massive Rückenprobleme bekam, wurde mir eine Umschulung angeboten zur Stenotypistin. Nie im Leben wollte ich ins Büro, denn das wollten ursprünglich meine Eltern für mich. Nun blieb mir nichts anderes übrig, denn andere Talente und Wünsche – etwas mit Sprachen – konnte oder wollte das Arbeitsamt damals nicht berücksichtigen. Also kniete ich mich in diese Ausbildung und beendete sie als Klassen- und Prüfungsbeste.

Schon damals war mir irgendwie klar, dass ich nicht wirklich gesund oder nicht „normal" war, und bald konnte ich das auch nicht mehr verheimlichen. Ich wurde krank und depressiv, versuchte mir das Leben zu nehmen. Meine übervolle Schmerzkammer machte sich deutlich bemerkbar. Es folgten Psychotherapie, Klinikaufenthalte …

Eine Freundin schenkte mir zwei kleine Katzen – Chali und Chalou. Und immer, wenn ich wieder Suizidgedanken hatte, brachten mich diese beiden Lebewesen zur Gedankenumkehr, denn ich wollte sie auf keinen Fall im Stich lassen. So wurden die beiden zu meinen ersten Lebensrettern, und so kam ich nach vielen Jahren, mitten in einer Großstadt, in einer Mietswohnung im 6. Stock ohne Aufzug, wieder in Kontakt mit Tieren.

Chali starb, als sie das erste Mal Junge gebar. Ich musste die beiden Katzen einmal zur Pflege geben, weil ich in die Klinik musste. Ich verpasste dadurch den Zeitpunkt der sich ankündigenden Geschlechtsreife und fand eine trächtige Kätzin vor, als ich wieder nach Hause kam. Für Chalis Tod fühlte ich mich verantwortlich – ja schuldig – denn ich bin nachts eingeschlafen, anstatt zu wachen und noch einmal zum Tierarzt mit ihr zu gehen. Dass mir ein zweiter Tierarzt sagte, dass der erste ein falsches Medikament gegeben hatte, welches zu Krämpfen in Chalis Köpfchen führte, anstatt die etwas schwierig verlaufende Geburt zu beschleunigen, konnte mich auch nicht trösten. Die Katzenbabys brachte ich voller Wut und mit starken Ohnmachtsgefühlen in die Tierarzt-Praxis. Viele Jahre danach noch fühlte ich mich erbärmlich bei der Erinnerung daran.

Chalou begleitete mich noch einige Zeit, obwohl er bereits an Leukose erkrankt war. Er, der Düsseldorfer Dachwohnungskater, zog mit mir in einen kleinen Ort nördlich von Freiburg. Dort ließ ich ihn das erste Mal frei laufen, und so konnte er sich noch zwei Jahre lang an den Wiesen und Feldern hinter dem Haus erfreuen und seine Freiheit genießen.

Bald darauf lernte ich einen Mann kennen, der mein Ehemann werden sollte. Wir zogen zusammen und heirateten kurz danach. Er hatte eine Katze und wir wünschten uns für sie eine Gefährtin.

Auf diese Weise kam das zehn Wochen alte Katzenmädchen Maja zu uns. Mit meiner Gesundheit schien es zwar zuerst einmal wieder besser zu gehen, ich „funktionierte" wieder, doch im Hintergrund suchte sich meine verwundete Seele einen anderen Weg und meine Schmerzkammer ein anderes Ventil. Nach gerade zwei Ehejahren begann die Migräne. Anfangs steckte ich die Attacken noch gut weg, doch bald beeinflussten sie mein Leben und meine Ehe und führten auch dort zu tiefen Krisen und letztlich – neben anderen Ursachen – zur Scheidung.

Meinen Kampf um meinen Anteil der ehemals gemeinsamen Firma musste ich beenden, weil ich keine Kraft mehr hatte. Die Migräneanfälle – mittlerweile zwei bis drei pro Monat mit jeweils mindestens drei Tagen Dauer – ließen mir weder Zeit noch Kraft oder Mittel, um mich ausreichend zu versorgen. Alle Versuche, existenziell wieder auf die Beine zu kommen, scheiterten daran. Ich lebte am und unter dem Existenzminimum, doch ich hatte auch Glück im Unglück. So glich ich die Leistungen meiner Heilpraktikerin z. B. mit Pfannkuchenbacken für ihre ganze Familie aus, wenn es mir gerade mal gut ging. Mein Hausarzt weigerte sich nämlich irgendwann, Hausbesuche zu machen und Infusionen zu legen, da er das über die Kasse nicht mehr abrechnen konnte. Und so war die Heilpraktikerin zur Stelle und begleitete mich während der Anfälle und auch danach. Dir – liebste Maggie – von ganzem Herzen Dank, auch wenn ich an dieser Stelle nicht die ganze Geschichte erzählen kann!

Kurz nach der Scheidung (Voltaire blieb bei meinem Exmann, Maja nahm ich mit) tauchte Purzel in mein Leben ein. Maja und Purzel kamen miteinander gut zurecht. Ein inniges Verhältnis, wie ich mir das gewünscht hatte in meinem Harmoniebestreben, wurde es aber nicht. Nur wenn ich mit der Migräne im Bett lag, lagen auch beide Katzen zusammen und ganz friedlich bei mir am Fußende.

Während Majas Sterbebegleitung machte ich die ersten bewussten Schritte in der Tierkommunikation. Das war der Beginn einer großen Veränderung in meinem Leben. Diese Zeit und auch die Wochen danach haben mich und mein Leben regelrecht auf den Kopf gestellt. Mir wurde klar, dass ich schon mein ganzes Leben lang telepathisch kommunizierte. Auch die „Himmels-Erscheinungen" meiner Kindheit betrachtete ich nun mit anderen Augen. Ich erinnerte mich plötzlich ganz deutlich an unzählige Erlebnisse, bei denen ich telepathisch mit Tieren, mit Bäumen, ja sogar mit einem Bach gesprochen hatte. Überhaupt war diese Zeit sehr kostbar. Maja lehrte mich so vieles, sie sprach über das Sterben, über den Tod von Tieren, was sie dabei erleben, empfinden, brauchen – und überhaupt nicht (!) brauchen können. Da gab es einige Momente und Worte, die eine große Herausforderung für mich waren. Und ich musste einige Vorstellungen darüber, was und wie ich Maja helfen oder eingreifen könnte, radikal loslassen. Ich konnte – zum Glück. Denn es war Majas Sterben, *ihr!* Tod. Das betonte sie immer wieder. Und das konnte ich Schritt für Schritt akzeptieren.

Bei dem ersten Seminar über Tierkommunikation fand ich dann auf vielerlei Art und Weise Bestätigung für meine telepathische Vergangenheit. Dort lernte ich zusätzliche Verbindungstechniken und Übungen, die mir bei meiner Zentrierung und Ausrichtung halfen. Ich praktizierte Tierkommunikation von da an bewusst und täglich, wo immer es möglich war.

Die Migräne hielt mich zu diesem Zeitpunkt seit fast 20 Jahren in ihren Klammern. Alle meine Versuche, beruflich wieder auf die Beine zu kommen, waren gescheitert. Ich war einen langen Weg durch alle möglichen Therapien gegangen. Es gab viele Erkenntnisse auf diesem Weg, doch die Schmerzattacken kamen immer wieder, wurden sogar noch heftiger, meine Leistungsfähigkeit zwischen den Anfällen ging stetig in Richtung Null ...

Parallel hierzu hatte ich Erfolge mit telepathischen Tiergesprächen im Freundes- und Bekanntenkreis. In meiner Begeisterung kontaktierte ich sogar Tiere irgendwo unterwegs, in Cafés zum Beispiel. Manche Gespräche waren einfach nette Plaudereien, doch einige Tiere forderten mich auch auf, ihre Mitteilungen, die durchaus auf Probleme hinwiesen, an ihre Menschen weiterzugeben. Das brachte mich manchmal ganz schön in Verlegenheit. Stellen Sie sich eine solche Situation einmal vor. Da sitzen Sie in einem gemütlichen Café, Ihr Hund eingerollt zu Ihren Füßen, und Sie lesen die Zeitung. Da räuspert sich eine Dame am Nachbartisch und sagt – etwas verlegen – dass sie eine Mitteilung Ihres Hundes für Sie hätte! Wie immer Ihre Reaktion ausfallen würde – ich habe die verschiedensten erlebt: von kindlichem Staunen und aufrichtigem Interesse mit einem anschließenden offenen Austausch bis hin zu empörter Zurückweisung. Bald hatte ich verstanden, dass es keinem Tier etwas bringt, gefragt zu werden, wenn niemand da ist, der die Antworten hören und umsetzen will.

Ich wollte üben, Erfahrungen sammeln, lernen, und lernte auf diese Weise. Ich entwickelte meine telepathischen Fähigkeiten und Methoden, indem ich die Tiere nach Rat und Anleitung fragte. Um Bücher über Tierkommunikation zu kaufen, fehlte mir das Geld. Und so wechselte ich zwischen Hochgefühlen durch die Erfahrungen mit der Tierkommunikation – und den Zusammenbrüchen in den Migränezeiten und einem völligen Versagens- und Minderwertigkeitsfühl hin und her.

An einem Herbsttag, den ich nie vergessen werde, stand ich in meinem Wohnzimmer und dieser ganze Lebenskonflikt wühlte in meinem Inneren. Ich hatte den Wunsch, mir mit der Tierkommunikation eine neue Existenz aufzubauen. Doch daneben dröhnte die

Stimme der Angst und der Zweifel lähmte mich, wie schon die Monate und Jahre davor. Ängste, mich zu zeigen, zu versagen, Verantwortung zu tragen, mein Leben wieder neu in die Hand zu nehmen – und vor allem die Angst vor meiner Medialität. Der Schmerz über meine Erfahrungen mit der Medialität als Kind sowie in vergangenen Leben, das hatte ich bis dahin auch herausgefunden, war zu groß.

Doch an diesem Tag, in diesem Augenblick, hörte ich noch eine andere Stimme, ganz klar, hell und deutlich. So erstaunlich sicher, dass mit einem Schlag alle Ängste und Selbstzweifel weggewischt wurden. Diese Stimme, diese Botschaft war die Botschaft von Maja, kurz vor ihrem Tod, an mich:

Du kannst es.

Und sie ergänzte aktuell mit den Worten:

Und du machst es – jetzt!

Es war, als würde sie neben mir stehen und mir zurufen! Dieser Augenblick war wie eine zweite Geburt. Plötzlich herrschte Klarheit in mir, Hoffnung, Zuversicht, Freude. Ich hatte schon eine Idee, wie ich die Menschen erreichen konnte, gestaltete Flyer und verteilte Plakate. Nach einigen Wochen wurde mir plötzlich bewusst, dass ich seit diesem Tag keinen dieser furchtbaren Migräneanfälle mehr hatte. Das war auch noch nach einigen Monaten so. Ich konnte es kaum glauben: Nie wieder diese wahnsinnigen Schmerzen, Übelkeit, Panik, Zusammenbrüche, Gedanken an „Nicht-mehr-leben-wollen" oder „Nicht-mehr-leben-können". Häufig schwankte ich noch zwischen Glücksgefühlen und der Sorge, ob ich mich nicht doch zu früh gefreut hatte. Doch schließlich war klar: Mir war ein neues Leben geschenkt worden!

Ganz langsam kam ich wieder mehr zu Kräften. Meine empfindsamen Nerven wollten gut und aufmerksam gepflegt werden – auch heute noch. Und wenn ich in den Jahren danach wieder einmal zu sehr von meinem Weg abkam, mir nicht genug Ruhe gönnte, zu sehr für die anderen da war – oder wenn ich ungewollt Speisen mit Alkohol zu mir nahm –, gab es wieder einen Migräneanfall. Doch nicht mehr in dieser vernichtenden Heftigkeit.

Majas Worte hatten mein Herz erreicht, mein tiefstes Inneres – wie nie zuvor die – positiven – Worte eines Menschen. Sie waren so wahrhaftig und hatten die Kraft, weiterzuwirken und mich auf einen wundervollen Heilungsweg zu führen. Sie hatten bei mir eine Tür geöffnet, die ich aus Angst nicht wieder öffnen wollte. Durch diese Öffnung fand meine Schmerzkammer ein heilsames Ventil. Meine Medialität kam wieder ins Fließen. Seit diesem Tag konnte ich nach und nach einen Schmerz nach dem anderen in dieser vollen Kammer anschauen und loslassen und eine andere Kammer daneben einrichten, eine Kammer der Dankbarkeit, der Freude, des Wohlgefühls, des ganz Ankommens meiner Seele auf dieser Erde. Ich bin noch nicht ganz fertig damit – und ich weiß, es werden mich immer Tiere und natürlich auch Menschen in meinem Leben begleiten, die mir dabei helfen, immer heiler zu werden. Davon handelt auch die nächste Geschichte.

Dass Maja eine wahrhaftige Glückskatze war, konnte ich erst nach diesem Erlebnis, das für mich ein Wunder war und bleibt, so richtig begreifen. Und ich konnte sie noch viele Male um Rat fragen, dort in meinem Herzen, in ihrem Körbchen.

Mittlerweile sitzt Purzel neben ihr, in absoluter Harmonie ...

Lucina Fabulosa und die Hundeerziehung

Im Juni 2008 flog ich nach Lanzarote, als zusätzliches Gepäckstück flog eine mit warmen Decken ausgestattete Hundetransportkiste mit. Ich hatte nun zwei Wochen Zeit, das Hundekind, das damals noch Fabulosa hieß, kennenzulernen. Als ich auf dem Hof meiner Freunde Rudi und Angie eintraf, wurde ich wie immer überschwänglich von ihren Hunden Roxy und Nemo begrüßt. Amma, Fabis' Mutter, verhielt sich noch recht zurückhaltend. Meine Freunde ließen ihr alle Zeit, die sie brauchte, sich an das neue Leben mit Menschen, vollen Futterschüsseln, Leinen und Regeln zu gewöhnen. Fabulosas Schwester Charisma wurde vor wenigen Tagen von einer Bekannten nach Deutschland geholt. Ich habe Charisma dann erst in Deutschland kennenlernen dürfen. Was für eine Schönheit! Und sie machte ihrem Namen – den sie mir telepathisch mitgeteilt hatte – bereits alle Ehre.

Fabulosa war das letzte von Ammas zehn Kindern, das auf ein neues Zuhause wartete. In den nun vor mir liegenden zwei Wochen wollten wir herausfinden, ob wir wirklich miteinander leben wollten. Ich hatte bis dahin nur Katzen als Gefährten, aber noch nie einen Hund. Das lag zum großen Teil sicher auch daran, dass ich mit dem, was ich bei Bekannten an Hundeerziehungsmethoden erlebte, überhaupt nicht einverstanden war. Dieser herrische Ton und diese sinnlosen Befehle. So schien es mir jedenfalls. Und da war auch noch dieser alte Schmerz wegen Max …

Nun hatte ich über die telepathischen Gespräche mit Amma und ihren Kindern dieses Erlebnis, welches mein Denken über einen Hund in meinem Leben grundlegend veränderte. Hinzu kam, dass ich im Sommer des Vorjahres eine Hundeverhaltenstherapeutin kennengelernt hatte, die ganz anders mit Hunden arbeitete. Zu ihrer Methode konnte mein Herz auch ja sagen. Ich war sehr froh über diesen Kontakt, denn in meiner Tierkommunikationspraxis hatte ich oft sehr unglückliche Hunde und ebensolche Menschen, die es wirklich gut meinten, aber enorm viel Schaden anrichteten mit ihren Erziehungsversuchen. Aufgrund der Mitteilungen dieser geplagten Wesen bekam ich Einblick in die Problemursachen.

Die Hundeverhaltenstherapeutin war zuerst einmal eine Verhaltenstherapeutin für Menschen, wodurch bald das einst beim Hund vermutete Problem aus der Welt geschafft war. Ich begleitete sie bei einigen ihrer jeweils drei Stunden dauernden Arbeitseinheiten mit Mensch und Tier, und konnte sie anschließend voller Überzeugung meinen Klienten weiter empfehlen. Im Grunde hätte ich diese Methode gut mit der Tierkommunikation kombinieren können, und ich überlegte ernsthaft, mich darin ausbilden zu lassen. Es hätte mir dazu allerdings die persönliche Erfahrung mit einem eigenen Hund gefehlt. Mit einem Hund zu leben und zu arbeiten, miteinander zurechtkommen zu müssen in „guten wie in schlechten

Zeiten", ist etwas ganz anderes, als mal hier oder da mit einem fremden Hund zu üben. Also eignete ich mir lediglich ein Grundwissen an. Dieses diente mir dann bei Hausbesuchen oder wenn Hund und Halter zu mir kamen, denn nun wusste ich, was ich tun oder lassen musste, damit der Hund sich gut fühlen konnte in meiner Gegenwart und in der für ihn fremden Umgebung. Dieser Kontakt und das Wissen um die Shanti-Methode – so wurde sie benannt – waren nun angesichts einer jungen Hündin in meinem künftigen Leben eine große, vor allem erst einmal psychische Stütze. Die Praxis sollte noch folgen.

Ich bereitete Fabulosa mit Bachblüten und telepathischen Gesprächen auf die Flugreise vor. Damals benutzte ich noch zusätzlich eine Beruhigungstablette, die leider ihre Leber sehr belastete, wie sich später herausstellte. Bei den nächsten Flügen genügten Tierkommunikation, Bachblüten und die „Heiße Sieben" – das Schüßlersalz Nr. 7, Magnesium phosphoricum – aufgelöst in heißem Wasser. Doch für Fabulosa ließ ich es auf lauwarm abkühlen. Eine solche Mischung gab ich ihr vor der Abreise mehrmals im Abstand von je etwa einer Stunde. Während des Fluges ging ich immer wieder telepathisch in Kontakt mit ihr und signalisierte ihr meine Nähe, das Gefühl von Sicherheit und meine große Freude auf unser gemeinsames Leben. In Basel gelandet war sie noch etwas benommen und taumelig. Nach dem Eintreffen bei mir zu Hause, der ersten Begegnung mit Purzel, einem Stündchen Schlaf und einer leichten Hundemahlzeit, ging ich mit ihr hinaus in den Wald, wo sie schon wieder etwas wacher wirkte und – ohne Leine – neben mir hersprang und überall schnupperte. Denn so ein badischer Wald riecht doch ganz anders als Picon, Kakteen und rote Erde. Zum Glück waren diese Junitage auch in Deutschland warm, sodass Fabulosa nicht gleich einen Kälteschock erleben musste.

Bei den nächsten Gängen musste ich schon deutlicher feststellen, was mir noch fehlte an Wissen und Erfahrung im Umgang mit einem Hund. Ich hatte gehofft, das Wichtigste mit der inneren Kommunikation regeln zu können. Doch das war ein großer Irrtum. Ganz schnell geriet ich außer mir und kreischte hysterisch hinter ihr her. Wenn wir zum Beispiel anderen Hunden begegneten, rannte sie ihnen voller Begeisterung entgegen und ich war dann völlig abgeschrieben. Wenn ich sie an der Leine hatte, zog sie so heftig, dass ich mir sehr häufig schmerzhafte Zerrungen zuzog, und der Zug durch das Band um ihren Hals musste auch ihr wehgetan haben. Doch andere Hunde waren einfach das Allerhöchste für sie.

Wenn Fabulosa also lossauste und überhaupt nicht mehr auf mich hörte – manchmal auch ohne Hund in Sichtweite, sondern einfach für einen 10 – 15 minütigen Sprint in den Wald, musste ich meine Stimme erheben, um sie zurückzurufen. Dieses Lautwerden, was leider oft in hysterischem Kreischen endete, hatte bei mir eine fatale Wirkung. Dass sich Ohnmachtsgefühle einstellten, kann bestimmt jeder nachvollziehen. Eltern mit Kindern geht es sicher nicht viel anders. Doch es kamen noch andere Gefühle dazu. Ich kam in Kontakt mit einem Gewaltpotenzial in mir. Ich erschrak so sehr darüber, dass ich oft laut weinend im Wald saß und mich nicht mehr auskannte. Ich hatte wahnsinnige Angst davor, die Kontrolle zu verlieren und Fabulosa zu schlagen. Gleichzeitig wusste ich, dass ich das niemals tun würde, eher würde ich mich umbringen. Dann kam noch ein furchtbar schlechtes Gewissen Fabulosa gegenüber dazu, denn ich wusste ja, dass die Probleme bei mir lagen und nicht bei ihr, wenn sie nicht auf mich hörte. Sie war gerade mal 4 Monate alt!

So kam es, dass ich mich bei ihr mindestens nach jedem zweiten Gang für meine furchtbaren Gedanken und mein Schreien entschuldigen musste. Ich versuchte auch, ihr telepathisch zu vermitteln, dass ich von ihr erwartete, dass sie auf mich hören und auch nicht weglaufen sollte. Und ich gestand ihr, dass ich Hundeerziehung furchtbar fände. Zu meiner großen Verblüffung konterte sie:

Ich finde Erziehung interessant, mir gefällt das. Doch du hast ein Problem, es ist deine Wunde. Mach was!

Tja, was tun? Was für eine Wunde war das, die durch die Hundeerziehung berührt wurde?

Während eines Telefongesprächs mit einer Freundin, die mich und Fabulosa auch am Flughafen abgeholt hatte, ergab es sich, dass ich von meinen Schwierigkeiten berichtete und von meiner Verzweiflung, mit der ich so oft im Wald saß und nicht mehr ein und aus wusste, dass ich schon daran dachte, Fabulosa wieder zurück nach Lanzarote zu bringen. Meine sehr einfühlsame Freundin sagte dann folgenden Satz zu mir:

Weißt du, wenn du in deine Kraft und in deine natürliche Autorität gehst, hat das nichts mit Gewalt zu tun.

Diese Worte lösten eine Erkenntnisflut aus. Mir war plötzlich klar, was da in mir passierte. Nicht ich hatte das gefährliche Gewaltpotenzial, sondern ich hatte in meiner Kindheit Erziehung als gewaltsam erlebt. Meine Mutter – total überfordert durch die unglückliche Ehe – die vielen Kinder und vor allem durch eine Tochter, die man heute als zwar überdurchschnittlich intelligent, doch hyperaktiv oder aufmerksamkeitsgestört bezeichnen würde. Ich musste wohl bei ihr so oft genau diese Ohnmachtsgefühle ausgelöst haben!

Meine Mutter hatte dann allerdings zugeschlagen, und zwar mit allem, was in Reichweite lag: Kochlöffel, Ledergürtel, Teppichklopfer. Es gab einen aus hellgrünem Plastik, sehr haltbar, nicht wie die anderen aus Rohr, die zwar viele feine und schmerzhafte Spieße in die Haut trieben, doch schnell zerfledderten. Durch diesen hellgrünen Teppichklopfer war mein Körper häufig mit blutigen Striemen gezeichnet, sodass ich in der Schule viele Lügen auftischen musste, um nicht am Sportunterricht teilnehmen zu müssen. Denn im Trikot hätte die Lehrerin diese Striemen entdecken müssen. Und das konnte ich nicht riskieren, natürlich aus Angst vor weiteren Schlägen. Und bevor meine Mutter zuschlug, gab es diese wenigen Sekunden, in denen sie fürchterlich schrie und kreischte und behauptete, ich würde alles ihr zuleide tun, sogar dann, wenn ich mit aufgeschlagenen, blutigen Knien nach Hause kam, weil ich irgendwo unterwegs gestolpert war.

Es gab viele – vorher nicht absehbare – Auslöser für ihre hysterischen Ausbrüche. Sogar wenn ich meinte, etwas Tolles gemacht zu haben, brachte ich sie in Rage und erntete Schläge. Manchmal gab es danach auch noch Stubenarrest und Essensverbot, Verabredungen mit Schulfreunden wurden kurzfristig verboten. Ich empfand meine Mutter als total unberechenbar, ich hatte ständig ein schlechtes Gewissen, war übervorsichtig und auf der Hut vor ihr. So erlebte ich hauptsächlich Erziehung, die gekoppelt war mit viel Gewalt.

Diese alte Wunde machte sich nun wieder bemerkbar, als ich in die Situation kam, ein anderes Wesen erziehen und führen zu müssen. „Es ist deine Wunde. Mach was!" Fabulosa wusste Bescheid. Und ich spürte, wenn sie mich manchmal anschaute, dass sie vieles von dem ausdrückte, was ich als junges Mädchen empfunden hatte. Das hat mich unendlich traurig gemacht. Meine Hündin kam mit eingezogenem Schwanz auf mich zu und hielt ihren Kopf demütig gesenkt? Mein Gott, wer war ich denn? Welche Schwingungen sandte ich aus?

Doch Fabulosa schickte mich innerlich auf den Weg zu einer Schamanin, die ganz in meiner Nähe wohnte und die ich vor einigen Jahren bei einem Seminar über holotrophes Atmen kennengelernt hatte. Die Schamanin hörte sich mein Anliegen an, ohne dass ich zu viel und zu lange erzählen musste. Sie schlug mir vor, eine schamanische Reise für mich anzutreten, um den Teil meiner Seele, der sich in jenen Kindheitsjahren durch das traumatisierende Erleben meiner aggressiven Mutter abgespalten hatte, zu mir zurückzuholen. Sie begleitete meine Reise mit ihrer Trommel und mit einigen verbalen Ritualen. Gegen Ende der Sitzung beugte sie sich über mich und pustete etwas in mein Brustbein. Sie hatte mich vorher schon darauf hingewiesen. Mit diesem Pusten brachte sie den abgespaltenen Seelenanteil wieder zu mir zurück. Beim Nachgespräch schilderte sie mir dann eine bestimmte Situation, in der sie mich auf ihrer Reise gesehen hatte, als ich ungefähr 6 Jahre alt war. Eine gewaltsame Situation, in der meine Seele wohl beschlossen hatte, diesen so sehr verletzten Teil abzutrennen von mir, damit ich mit dem verbleibenden Anteil überlebensfähig sein konnte. Und nun – hier bei dieser Schamanin – war endlich der Zeitpunkt gekommen, an dem diese Wunde angesehen werden und der Seelenanteil zu mir zurückkommen konnte, damit meine Heilung geschehen konnte.

Die nächsten Gänge mit Fabulosa fühlten sich ganz anders an oder besser gesagt, ich fühlte mich anders an. Ich konnte mir nun eine laute oder feste Stimme erlauben, ohne ein schlechtes Gewissen zu bekommen oder dies mit Gewalt zu assoziieren. Ja, ich probierte sogar verschiedene Stimmlagen aus und beobachtete Fabulosas Reaktionen. Eine Freundin, die mich manchmal bei meinen Gängen begleitete, bestätigte mich, indem sie mir beschrieb, dass Fabulosa mit erhobenem Kopf und wedelndem Schwanz meine „Anweisungen" befolgte und sichtlich Freude daran hatte. Das empfand ich als sehr befreiend. Ich musste zwar ein bisschen üben und ich buchte auch noch ein paar Trainingsstunden bei der

Hundeverhaltenstherapeutin, doch diese tiefe Verzweiflung, dieses angstvolle Konfrontiert sein mit einem inneren schwarzen Abgrund, das gehörte nun alles der Vergangenheit an. Nur noch selten muss ich heute wirklich laut werden, meistens genügt eine feste, ruhige Stimme, wenn ich etwas anderes von meiner Hündin will, als sie gerade tut. Wenn ich mich mit Fabulosa – die heute ja Lucina heißt – telepathisch austausche, teilt sie mir immer wieder mit, dass laute Stimmen für sie ganz furchtbar sind, auch Streitsituationen missfallen ihr sehr. Ihr Körper reagiert darauf meistens mit Durchfall – also mit „Schiss". Es genügt schon, Fox – wenn er zu Besuch bei uns ist – energisch von Lucinas Fressnapf zurückzuweisen, wenn ich gerade unaufmerksam war, denn Fox ist total auf Essen fixiert und stürzt sich regelrecht auf oder besser in die Fressnäpfe hinein. Ihm den Napf wegzunehmen, bedeutet verstreutes Futter auf dem ganzen Küchenboden. In solchen Situationen weiß ich mir außer mit einer lauten Abwehr nicht anders zu helfen, doch Lucina ist danach ganz eingeschüchtert und traut sich erst nach einigen Minuten guten Zuredens wieder an ihren Napf. Beim nächsten Gang sehe ich dann die tief greifende Wirkung.

Hier darf ich also noch aufmerksamer und sicherer werden, Fox gegenüber bestimmter, jedoch nicht lauter. Im tiefen Grunde bin ich darüber sehr froh, denn laute, herrische oder kreischende Stimmen mag ich selbst auch noch immer nicht. Vor allem dann nicht, wenn sie aus meinem Mund kommen. Auch in Ausnahmesituationen innerlich ruhig zu bleiben und damit eine ruhige, feste Stimme zu bewahren erscheint mir ein sehr erstrebenswertes Ziel. Und dank Lucina bin ich diesem Ziel sehr viel näher gekommen, indem sie mich auf eine Wunde gestoßen hatte, die zuerst geheilt werden musste. Diese innere Haltung kommt mir auch bei meiner Arbeit zugute. Ich kann meine natürliche Autorität immer besser annehmen und ausdrücken – z. B. in meinen Seminaren. Doch auch in vielen Situationen des Alltags, wenn es darum geht, mir selbst treu zu bleiben, meine Grenzen auf gesunde Weise zu setzen und mich an das zu halten, was für mich stimmt. Ich habe gelernt, keine Angst mehr davor zu haben, „Nein" zu sagen.

Luna sagt: Schluss mit der Mitleids-Opferrolle!

Schon als Kind war Susanne G. immer diejenige in ihrer Familie, die mit allen möglichen – zum Teil schwer verletzten – Tieren nach Hause kam: Amseln, Spatzen, Raben, Igel – bis hin zu Katzen. Sie pflegte und beschützte sie. Was sie sich jedoch am meisten wünschte, war ein Hund! Ihre Eltern erlaubten dies jedoch nicht, und so führte sie einige Jahre lang die Hunde von anderen Leuten aus. Und sie tröstete sich mit dem Gedanken, dass „ihr" Hund eines Tages genauso zu ihr finden würde wie all ihre anderen Findeltiere auch. Es sollte noch 30 Jahre dauern, bis ihr sehnlichster Wunsch in Erfüllung ging.

Da rief eines Tages ein Bekannter an, der eine Hündin aus Spanien mitgebracht hatte, jedoch ganz verzweifelt war, weil sich seine eigene Hündin mit der Spanierin nicht vertrug. Er bat Susanne, bei ihm vorbeizukommen. Da wusste sie plötzlich: MEIN HUND IST DA!

Mit mächtigem Herzklopfen fuhr Susanne los. Als ihr Bekannter die Tür öffnete, stand die spanische Hündin schon neben ihm. Susanne spürte sofort eine starke Verbindung zwischen ihr und der Hündin. Und als ob ihr Bekannter dies geahnt hätte, fragte er sie auch gleich, ob sie die Hündin nicht zu sich nehmen wollte.

Nun musste Susanne erst einmal mit ihr alleine sein, mit ihr spazieren gehen – und sich vor allem sammeln. So liefen die beiden das erste Mal gemeinsam über die Wiesen, und für Susanne war schnell klar: Die Hündin war die Richtige! Sie hatte das tiefe innere Wissen, dass der Hund, auf den sie über 30 Jahre lang gewartet hatte, nun da war.

Dass dieses Hundemädchen etwas Besonderes war, spürte Susanne schon nach wenigen Tagen. Doch sie wurde von ihr auch auf einen besonderen Weg geführt. Mit Hilfe der wunderbaren Möglichkeit der telepathischen Tierkommunikation wurde Susanne von ihrer neuen Gefährtin „der Kopf gewaschen" und ihr wurde eine Art von Heilung zuteil, die sie nicht für möglich gehalten hätte. Das rührte sie immer wieder aufs Neue.

Susanne: Ein Jahr, nachdem Luna – so habe ich die Hündin genannt – bei mir eingezogen war, fand ich einen Flyer über Tierkommunikation von Ingrid Rose Fröhling. Kurze Zeit später

*hatte die Tierkommunikatorin das erste Gespräch mit Luna. Und es zeigten sich bei Luna und mir einige Parallelen in unserer Biographie und bei unseren Problemen. Bei uns beiden gab es viele Wunden, die geheilt werden wollten. Und Luna sagte u. a.: „Wenn du dich um deine Heilung kümmerst, heile auch ich."
Ich wollte damals von Luna wissen, a) wie sie gelebt hatte, bevor sie in das spanische Tierheim kam, und b) wie ich ihr helfen könnte, wenn sie Angst hatte. Denn Luna war oft sehr ängstlich.*

Luna: *Ich durfte nie die sein, die ich war. Mein Mensch in Spanien hat meinen Liebreiz nicht verstanden, nicht gewollt. Der wollte eher einen Rabauken, einen größeren Hund, den er anschreien, anherrschen konnte. Er schwankte zwischen Zärtlichkeit und Grobheit, als wollte er sich und mich für die Zärtlichkeiten bestrafen. Schlimm war der abrupte Wechsel … Ich hab mich dann immer ganz klein gemacht und war ganz still oder hab geweint und gejammert. Irgendwie bin ich innerlich klein geblieben, denn das hat mich auch gerettet. Ich habe Mitleid erregt. Das war furchtbar, und das will ich nicht mehr. Doch ich bin noch so konditioniert: nett, klein, niedlich. Ich möchte nun erwachsen sein, groß sein. Das Große macht mich noch klein … Es ist schon auch Angst, doch eher mein Versuch, vor dieser Größe zu bestehen, standzuhalten.
Du sollst mich groß und stark sehen – und vor allen Dingen sollst du dich selbst groß und stark sehen! Wir haben so viel Ähnlichkeit miteinander. Das ist schön, weil es Verstehen ermöglicht und Wachstum. Lass uns stark werden, ohne das Verspielte, das Sanfte, das Mädchenhafte zu verdrängen.*

Susanne: Nach diesem ersten Tiergespräch hatte sich einiges verändert, vieles war mir bewusster. Zum Beispiel: immer wenn Luna ängstlich war, bemerkte ich meine eigene Ängstlichkeit. War sie stark und mutig, dann war ich es bereits auch. Sie war ein Spiegel meiner Seele. Somit konnte ich an mir arbeiten. „Nett, klein, niedlich" wollte ich auch nicht mehr sein.
Der ganz große Schritt zu meiner/unserer Heilung folgte drei Jahre später. Meine langjährige Partnerschaft ging in die Brüche, und ich stand mit Luna und meiner Katze alleine da. Obwohl ich trotz aller Trauer auch das Gute in dieser Trennung sah, war es schwer für mich, nach vorne zu blicken. Ich fühlte mich als Opfer und versuchte auch immer wieder, meinen ehemaligen Partner für meine Bedürfnisse einzuspannen. Bis Ingrid Rose Fröhling ein weiteres Gespräch mit Luna führte.
Der eigentliche Anlass für diese Befragung war Lunas linkes Auge. An manchen Tagen tränte es fürchterlich und am nächsten Tag war alles wieder gut. Es sah wirklich nicht wie eine Bindehautentzündung aus. Ich wollte von Luna wissen, a) ob sie mit der Trennung zurechtkam, b) warum sie diese Symptome am Auge hatte und wie ich ihr helfen könnte, und c) ob sie gerne bei mir lebte.

Luna antwortete in ihrer eigenen Reihenfolge:

Da ich weiß, dass es das Beste für dich war, habe ich nicht wirklich unter der Trennung gelitten. Doch ich fühlte so sehr deinen Schmerz, deine Trauer, dass es fast so war wie meine eigene Trauer. Das hat natürlich auch alte Wunden in mir berührt. Das Schöne dabei ist, dass mit jedem Schritt Richtung Akzeptanz und Aufrappeln bei dir auch bei mir etwas heilen konnte. So sind wir noch näher verbunden.

Diese Frage ist reine Koketterie. Und das passt auch zum Hintergrund für das tränende Auge. Du kannst dir nämlich noch nicht erlauben, glücklich zu sein, du brauchst anscheinend noch ein bisschen Opfermitleid. Hör auf damit. Das tut dir nicht gut. Denn es ... ist etwas Künstliches, was die Tränen erzeugt, es ist keine echte Trauer mehr. Das will ich dir mit meinen Tränen sagen. Erkenne mit offenen Augen und ebensolchem Herzen, dass mit euch etwas geschehen ist, was euch beide weiterbringt und wachsen lässt. Und lass bloß alle deine Gedanken an Vorteile eines Opferspiels los. Es schadet dir mehr, als du ahnen kannst.

__Susanne:__ Nach diesem Gespräch hatte es bei mir „Klick" gemacht, sofort spürte ich Erleichterung und Befreiung. Ich hatte verstanden – Luna hatte recht, solange ich mich in der Mitleids-Opferrolle befand, blieb ich ein Opfer. Es war auf einmal alles so klar und ich spürte, wie ich Altes abstreifen und loslassen konnte. Seit diesem Tag, seit dieser telepathischen Kommunikation mit meiner Luna, verlief mein Leben komplett anders. Ich konnte mir immer öfter erlauben, fröhlich und glücklich zu sein. Mein Leben hatte einen noch tieferen Sinn bekommen.

Luna sagte dann ja auch noch, Susanne sollte mehr auf ihre Späße achten, sie wollte sie doch zum Lachen bringen, sie aufheitern und zeigen, wie freudig das Leben sei. Ja, und immer, wenn Susanne über Luna lachen musste, dann dachte sie an das Gespräch zurück und dankte innerlich für diese Art der Kommunikation, die ihr Leben so wunderbar positiv beeinflusst hatte.

Susanne: Meiner lieben Hündin Luna verdanke ich so viele wunderbare Erkenntnisse, Erlebnisse und Begegnungen in meinem Leben, die ich nicht für möglich gehalten hätte. Nun weiß ich, dass jeder Tag, den ich auf sie gewartet habe, es wert war!

Bärle *Coco* *Pablo*

Bärle, Coco und Pablo wenden das Schicksal

Zu Elke B. finden immer wieder besondere Tiere: Tiere aus Tierheimen, Tiere mit Krankheiten oder Behinderungen sowie alte Tiere, die bei Elke und ihrem Partner einen würdigen Lebensabend verbringen dürfen. Manche Tiere – meist Hunde und Katzen – bleiben längere Zeit, andere nur kurz. Elke arbeitet schon viele Jahre lang mit einer Tierheilpraktikerin zusammen und mit einer Tierärztin, die sowohl für Tierkommunikation als auch für die Therapievorschläge der Tierheilpraktikerin offen ist. Ich muss gestehen, das gibt es noch viel zu selten! Umso erfreuter und dankbarer bin ich dafür, natürlich auch im Hinblick auf die Tiere und ihre Menschen, die davon Gebrauch machen können.

Elke B. hatte über eine Freundin von mir und meiner Arbeit erfahren. Bis dahin wusste sie noch nichts über Tierkommunikation und war erst einmal skeptisch. Sie hatte sich auch nicht gleich nach diesem Hinweis der Freundin mit mir in Verbindung gesetzt. Doch um ihren Kater Bärle, dem es über längere Zeit gar nicht besser gehen wollte und der sich fast nur noch an Plätzen aufhielt, wo kaum ein Lichtstrahl mehr hinkam, machte sich Elke große Sorgen, sodass sie mich schließlich doch anrief.

Als ich Elke B. kennenlernte, fühlte ich gleich, dass da einiges an Arbeit auf sie – und mich – zukam. Zuerst wurde ich von ihr beauftragt, mit Bärle zu kommunizieren. Dieser Kater forderte mich in dem Gespräch u. a. auf, Elke auf meine Seminare hinzuweisen. Das war mir erst sehr unangenehm, weil es als von mir gemachte Werbung interpretiert werden konnte. Doch ich habe auch hier vertraut und die Botschaft des Katers an Elke weitergegeben. Diese telepathische Kommunikation mit Bärle und der anschließende persönliche Austausch zwischen Elke und mir war der Beginn einer vertrauensvollen Zusammenarbeit, sodass ich bald auch von ihr erfuhr, welches ihre Wunden und Probleme waren. Es folgten einige sehr persönliche Gespräche und ich konnte Elke auf ihrem Weg auch mit individuellen Bachblütenmischungen unterstützen.

Im Juni 2007 sollte ich Bärle nach seiner Befindlichkeit fragen und danach, warum er manchmal so traurig schaute. Hier folgen Auszüge aus dem Gespräch:

> *IRF: Kannst du den Grund für deine Traurigkeit nennen?*
> *Bärle: Ich bin eine Kinderseele. Du weißt, dass wir manchmal diesen Weg und diese Form wählen, um bei bestimmten Menschen sein zu können, weil es anders nicht geht.*
> *IRF: Oh ja, ich weiß. Was kann ich Elke noch von dir ausrichten?*
> *Bärle: Ich hoffe, dass sie diese Nachricht annehmen kann. Ich bin trotzdem Katze, und das ist gut so. Doch vielleicht nimmt sie mich jetzt anders wahr ...*
> *Elke sieht in mir ihre eigene Trauer über etwas, was sie verloren oder weggestoßen hat ... Sag ihr, ich bin zurückgekommen. Es ist Versöhnung ...*
> *Elke hat viel intuitives, mediales Potenzial, lebt es zu wenig. Sie soll das entwickeln, sich trauen. Sprich sie auf dein Seminar an. Wir Katzen sind da, um sie an ihre Intuition zu erinnern, an ihr Fühlen, an ihre Seelenaufgabe.*

Damals ging es Elke psychisch gar nicht gut, und sie hatte sich bislang auch nicht viel mit „Intuition" und „medialem Potenzial" auseinandergesetzt. Deshalb konnte sie mit dieser Aussage nicht viel anfangen und war erst einmal recht verunsichert. Später sollte sie mir jedoch erzählen, dass sie sich sehr wohl an ihr gutes Bauchgefühl erinnern konnte, doch es ging ihr verloren. Auch dadurch: Viele Jahre lang versuchte sie, ihr Selbstwertgefühl aufzuwerten, indem sie ständig neue und tolle Dinge kaufte, meistens Kleidung. Oder sie verausgabte sich weit über die Maßen in Freundschaften, weil sie so sehr nach Anerkennung, nach Angenommensein und Geliebtwerden lechzte.

Ebenfalls durch ein Tiergespräch – einige Jahre später mit ihrer Katze Coco – erfuhr sie die Ursachen für ihr „Sich-nicht-angenommen-fühlen". Coco sagte, dass Elkes Mutter sie nach ihrer Geburt nicht anfassen wollte, weil sie so blutig und schleimig war, ja, dass die Mutter sogar Ekel empfand beim Anblick ihres neugeborenen Töchterleins. Dass dieses Problem der Mutter bei Elke die starken Gefühle hervorriefen, abgelehnt zu werden, ungewollt und ungeliebt zu sein, ist leicht nachvollziehbar. Diese Mitteilung Cocos deckte sich auch mit den Erfahrungen während einer Rückführung, die Elke einige Zeit später zu diesem Thema gemacht hatte. Sie erkannte mit einem Mal, dass ihr ganzes Leben von den Fragen beherrscht wurde – und manchmal noch wird: „Bin ich richtig?" und „Mache ich es richtig?"

Trotz ihrer Verunsicherung hatte sie sich zum nächsten Einführungskurs über Tierkommunikation im November 2007 angemeldet. Wie Elke mir viele Jahre später gestand, fühlte sie sich damals enorm unter Druck, auch durch ihre Selbstzweifel. Ich konnte im Kurs 20 Mal sagen, dass wir mit Neugier und Entdeckerfreude an die Sache rangehen wollen und dass es weder Noten noch andere Beurteilungen gäbe, sondern nur den Raum für Erfahrungen mit der Tierkommunikation und für Selbsterfahrung: Elke hatte es sehr schwer.

Elke B.: Bei allem Stress, den ich hatte, und dem Kampf gegen meine Versagensängste erinnere ich mich noch gut daran, dass ich bei einer meditativen Tierreise tapfer durch den Dschungel ging, an steile Abhänge kam und im Wasser durch Strudel musste – und es war so schön, weil immer ein Tier an meiner Seite war, das mich beschützte oder mir half, die Hindernisse zu überwinden.

An diesem Wochenende habe ich angefangen zu lernen, anders mit vielen Dingen umzugehen, die Dinge anders zu betrachten. Auch diese Erkenntnis, dass ich nicht allein war, sowie die telepathische Kommunikation mit Bärle trugen dazu bei, dass ich mich traute, meinem Partner und anderen Beteiligten zu sagen, was ich verbockt – ich hatte mich durch die vielen Frustkäufe verschuldet – und was mich psychisch so sehr belastet hatte. Ingrid begleitete mich in der Vorbereitung dazu sehr liebevoll und ermutigend.

Es war Elke allerdings immer noch nicht klar, was sie mit ihrem – wie Bärle sagte – medialen Potenzial anfangen sollte. Es brauchte noch beinahe zwei Jahre und weitere Erfahrungen mit der Tierkommunikation.

Inzwischen war der Kater Pablo zu ihnen gekommen. Pablo hatte Leukose und die meiste Zeit stark entzündetes Zahnfleisch. Es war immer ein Auf und ein Ab mit seiner Befindlichkeit und mit seinem Appetit. Mit der Zeit nahm er kaum noch Futter zu sich. Auch Antibiotika und Cortison konnte Elke ihm nicht mehr geben – lediglich homöopathische Mittel und Bachblüten durfte sie ihm entweder über das Futter geben oder in sein Fell streichen. Pablo teilte in einem Tiergespräch Folgendes mit:

Passt bitte auf, dass ich nicht weiter in die übliche Behandlungsmühle gerate. Das bringt überhaupt nichts, im Gegenteil. Mein Leben ist nun mal so. Die Aufregung – Medikamentenverabreichung, Fahrten in die Tierarztpraxis – ist Stress für mich. Ich will lieber in Ruhe noch einen Monat leben als 2 Monate mit Stress. Nehmt den Monat nicht so wörtlich.

Über eine systemische Aufstellung mit Pablo während eines Arbeitskreises konnte ich für Elke eine wichtige gesundheitliche Frage klären, die Pablos Zähne betraf. Sie wurde mehr und mehr mit den alternativen und medialen Möglichkeiten für Behandlung und Heilung konfrontiert, parallel dazu öffnete sie sich auch zunehmend dafür.

Im April 2009 begann Elke B. mit einer Ausbildung zur Geistigen Heilerin. Was für ein Schritt!! Einige Monate später schien sich Pablo auf seinen Übergang – seine Vollendung – vorzubereiten. Ich sollte ihn nach seinen Bedürfnissen fragen und ob er Elke etwas mitteilen wollte. Das war im Oktober 2009. Seine Botschaften berühren mich auch heute noch:

> *Pablo: Meine körperliche Befindlichkeit ist sehr wechselhaft. Ich bereite mich jetzt intensiv auf den Übergang vor. Die Mittel (er bekam auf eigenen Wunsch nur noch homöopathische Mittel und Bachblüten) erleichtern. Aufhalten geht nicht mehr.*
> *IRF: Was kann Elke noch zu deiner Erleichterung beitragen?*
> *Pablo: Mich in Licht hüllen, mich in Gottes Hand liegen sehen, Freude haben, tiefe Freude über das Leben. Mein Leben geht immer weiter, so wie deines und alles Leben. Das ist richtig und wirklich zu verstehen!*
> *Es ist möglich, dass ein starker Transformationsprozess noch vor meinem Übergang geschieht ... Ausbrüche z. B., damit wird etwas ausgedrückt. DAS Leben drückt etwas aus in mir, durch mich. Vertraue, dass es richtig ist. Ausbruch = Ausdruck = Transformation. DAS Leben, das ich meine, ist EIN Leben, unsere aller Lebendigkeit, unendlich. Es hat sich meinen Körper und mich als Seele ausgewählt, etwas Bestimmtes zu leben. Ich und Ich-Seele haben ja gesagt. Das ist kostbar, wertvoll.*
> *So finde du, Elke, mehr und mehr zu deinem Ausdruck, zu dem, was DAS Leben, oder nenne es die Schöpfung oder Gott, durch dich ausdrücken will, zu dem deine Seele längst ja gesagt hat. Liebe das Leben, das Leben, das auch in mir lebendig ist und das auch ohne mich lebendig ist, und danke dem Leben für seine Ausdrucksform, seine Kreativität, die mich gemacht hat, meinen Körper, mein Wesen. DAS Leben findet immer neue Formen, Seelen,*

die dieses Leben hier auf der Erde erfahren möchten. Spür dem nach, spüre mich als gleiche Essenz wie dich. Ich gehe nicht verloren, werde neu lebendig sein in anderer Form. Das ist großartige, kaum fassbare Schöpfung.

Und je mehr du diesem Leben Vertrauen schenkst, dich auf diese Kraft einlässt, je weniger musst du „machen". Es ist ein inneres Machen, ein inneres „Heil-werden-helfen", ein Heilen durch Leben feiern. Lehne dich ganz in das Leben hinein …, das wünsche ich mir von dir. Auch Heilung ist anders denkbar dann. Gehe diesen Weg. Erinnere die Menschen daran, dass sie sich mit Denken und Fühlen mit DEM Leben verbinden und damit die Trennung auflösen, die sie selbst geschaffen haben und dadurch die Lebendigkeit in sich abgeschnitten haben vom Leben. Das ist wie fast die ganze Hand abschneiden und erwarten, dass sie voll funktioniert. Löse die Knoten und ermögliche dadurch Heilung. Frage, wie sich Leben hier, da, in jenem Menschen oder Organ ausdrücken will, wenn der Knoten gelöst ist.

Wenn das kein eindeutiger Heilauftrag war, und was für einer! Diese Gedankengänge überraschten mich sehr, und Elke noch viel mehr.

In einem Gespräch mit Kater Bärle vier Monate später, als Pablo bereits in der anderen Welt war, griff auch er dieses Thema auf. Ich sollte ihn damals nach seiner Befindlichkeit fragen, und auch, was Elke für ihn tun könnte und ob er ihr etwas Persönliches mitteilen wollte.

Bärle: Ach, liebe Elke, du tust doch so viel für uns, für mich. Ich wünschte, du könntest mehr entspannen und die Tatsache annehmen, dass du zwar vieles, jedoch nicht alles in der Hand hast …

Es ist schon so, dass jeder Krise bei mir eine Krise bei dir vorangeht. Das ist halt meine Form von Mitarbeit ... Wichtig ist, dass du aufhörst, dich unter Druck zu setzen. Heilarbeit ist eine Sache der Gnade, des Zusammenwirkens vieler Faktoren. Und was heißt eigentlich „heil"? Kannst du dir vorstellen, dass ein Wesen mit allen möglichen Krankheitszeichen heiler sein kann als eines ohne Krankheitszeichen? Kannst du dir vorstellen oder es annehmen, dass all diese Zeichen schon Heilung sind?
Heilarbeit ist ganz wichtig. Doch es ist genauso wichtig, dass die Menschen, die das tun – bzw. du – die Vorstellung davon loslassen, was „heil sein" bedeutet. Wenn du denkst, du hast zu wenig oder etwas falsch gemacht, wenn ich oder andere „krank" sind, dann ist das fast schon ein bisschen arrogant. Verstehst du mich richtig? Verstehst du, dass Heilen erst dann richtig effektiv wird, wenn du nichts mehr willst? Und wenn du darauf vertraust, dass Heilung alles ist, was geschieht, weil alles auf Heilung zustrebt? Indem du deinen Kanal zur Verfügung stellst, kann da schneller etwas in Bewegung kommen. Dein Wille bzw. deine Willenskraft ist schon gefragt dabei. Doch nicht die Vorstellung davon, was du willst. Es gilt, das zu unterstützen, was das Leben will, das Leben als Schöpferenergie, und mit deinen Möglichkeiten, die Hürden zu erkennen und aufzulösen. Doch auch das Ergebnis wird nicht von dir geschaffen.
Natürlich bin ich dankbar, wenn du mich mit sanften Mitteln unterstützt, doch auch da: Nicht zu viel machen, nicht zu viel wollen ...

Im Januar 2013, als ich dabei war, dieses Buch fertig zu schreiben, wollte ich von Elke B. wissen, wie sie heute über diese Tiergespräche denkt. Elke hatte 2011 ihre Ausbildung zur Geistigen Heilerin für Menschen und Tiere abgeschlossen. Da sie ihrer

Erwerbstätigkeit als Sekretärin noch nachgeht, sind es die Abende oder Wochenenden, an denen sie sich um „ihre" Patienten kümmert und als Geistige Heilerin arbeitet. Ich wollte von ihr wissen, welches die stärksten Impulse für ihren Weg waren und welche Ziele sie nun hatte.

Elke B.: Nach jedem Tiergespräch hatte ich mir immer viele Gedanken gemacht, doch ich konnte vieles nicht gleich verstehen oder nachvollziehen. Heute sehe ich es so, dass mein ganzer Lebensweg durch die frühe Ablehnung meiner Mutter geprägt war. Durch die Tierbotschaften wurde ich darauf aufmerksam gemacht. Bei dem Seminar durfte ich heilsame Erfahrungen sammeln. Und erst danach konnte ich beginnen, etwas in meinem Leben zu ändern, konnte ich beginnen zu lernen. Bärle, in dem eine Kinderseele wohnte, hatte mir – so sehe ich es heute – das Stück meiner Kinderseele zurückgebracht, das ich bei meiner Geburt verloren hatte. Mit seinen tränenden Augen und der ständig verstopften Nase spiegelte er meine eigene tiefe Traurigkeit.
Damals war es noch schwierig für mich, nicht mehr „machen" zu können für meine kranken Tiere. Auch dass Pablo die Leukose „angenommen" hatte, war für mich nicht einfach zu verstehen. Es ist heute noch immer nicht ganz leicht für mich zu akzeptieren, dass Tiere ihren eigenen Weg gehen wollen. Doch ich kann immer besser damit umgehen. Auch was Bärle und Pablo über Heilung gesagt haben, kann ich heute besser verstehen. Seit ich als Heilerin begann, hatte ich oft noch den Gedanken oder den Wunsch, dass der Mensch gesund wird. Doch ich hatte auch bald verstanden, dass gesund sein nicht unbedingt auch heil sein bedeutete. Wenn ich heute als Heilerin arbeite, gebe ich alles ab an die göttliche Liebe und lasse es fließen, denn ich habe erkannt, dass nicht ich heile und dass Heilung viele Gesichter

haben kann. Meine wunderbaren Kater haben das alles schon gewusst! Und erst heute verstehe ich so richtig ihre wertvollen Botschaften.

Durch Bärle, durch sein Sein in meinem Leben, konnte ich mich auch mit meinem Schicksal versöhnen und lernen, mich selbst mehr und mehr liebevoll anzunehmen, so wie ich war und bin, und ich fühle mich auch heiler. Er hat bewirkt, dass ich mich damals für einen anderen Weg öffnete. Auf diesem Weg waren mir die verschiedenen Kurse in telepathischer Tierkommunikation bei Ingrid Rose Fröhling eine große Hilfe; sie bereiteten mich gut vor für meine Ausbildung zur Geistigen Heilerin, die ich 2011 abschloss.

Mittlerweile ist ein neues Zimmer in dem Teil unseres Hauses entstanden, das noch im Rohbauzustand war. Ein Zimmer für meine Behandlungen, für Meditationen, ein Raum auch ganz für mich, wenn ich mich zurückziehen möchte.

Im vergangenen Jahr habe ich mit der Ausbildung zur Tierheilpraktikerin begonnen. Dies auch aus dem Grund, weil ich mich an eine Eingebung etwa aus der Zeit, da ich mit der Ausbildung zur Geistigen Heilerin begonnen hatte, erinnere: „Über die Tiere gelange ich zu den Menschen."

Sobald ich die Tierheilpraktikerausbildung abgeschlossen habe, möchte ich meine Tätigkeit als Sekretärin auf halbe Tage beschränken und mich nach und nach ganz meiner Heilarbeit widmen.

Ich bin ganz sicher, dass Elke dies gelingen wird! Denn wie sagte sie einmal zu mir: „Wenn das Leben mal wieder nicht ganz so einfach erscheint, erinnere ich mich daran, dass immer jemand an meiner Seite ist, mich begleitet und mir hilft."

Teil I · Tierbotschaften zum Staunen und Wundern

Roxy   *Amma*   *Nemo*

Tierbotschaften zum Staunen und Wundern

Nemo und das Wechselhäuschen

Einige Kapitel dieses Buches habe ich auf Lanzarote geschrieben, als Gast im „Wechselhäuschen" bei Angie und Rudi sowie ihren Hunden Roxy, Nemo und Amma, Lucinas Mutter. Zuhause in Deutschland war ich doch sehr abgelenkt durch meinen Berufsalltag und all die anderen Dinge, die erledigt werden wollten. So hatte ich das Schreiben häufiger unterbrochen und das Buchprojekt unfreiwillig lange vor mir hergeschoben. Während der aufregenden Wochen auf der Insel erinnerte ich mich immer wieder mit Dank und Staunen an eines der früheren telepathischen Gespräche mit Nemo, bei dem er mir bereits verkündete, er sähe mich in einem „Wechselhäuschen" auf dem Hof meiner Freunde am PC sitzen und mein Buch schreiben …

Rudi und Angie hatten ursprünglich geplant, ein Gäste-Appartement auf ihrem Grundstück zu bauen – zum einen für ihre Eltern, die oft und gerne nach Lanzarote kamen, und zum anderen auch für mich. Nun ist es auf der Insel nicht ganz einfach, eine Bauerlaubnis zu erhalten, denn die ganze Insel ist von der WHO als Naturdenkmal eingestuft worden. Die meisten Einheimischen reagieren darauf so, dass sie ohne die Genehmigung bauen. Sie errichten erst einmal ein vielleicht brusthohes Mäuerchen, denn gegen Mäuerchen in dieser Höhe hat auch das Bauamt nichts einzuwenden. Dann kommen irgendwann ein paar Balken dazu, die ein Wellblechdach stützen – es hat nämlich auch niemand etwas gegen eine überdachte Terrasse einzuwenden. Und irgendwann ist aus der überdachten Terrasse dann ein solide gemauerter Gebäudeanbau geworden. Das fällt dann gar nicht mehr auf ...

Rudi und Angie zogen diese Möglichkeit natürlich auch in Erwägung, hatten gleichzeitig jedoch ziemliche Gewissensbisse, weil diese Aktion nicht ganz legal gewesen wäre. Rudi hatte schon damit begonnen, Wasserleitungen zu legen, da hörten die beiden davon, dass die Regierung häufiger Luftaufnahmen machen und diese in gewissen Zeitabständen vergleichen würde. Man konnte also auch beim heimlichen Bauen von oben entdeckt werden und das war nichts für die Nerven meiner Freunde. Also durfte ich wieder einmal Nemo befragen, der sich ja schon oft als weiser Ratgeber erwiesen hatte, ob er etwas zu den Bauplänen oder eventuellen Alternativen sagen konnte.

Nemo: Tja, das ist sowas mit den Gesetzen. Am besten ist hier der dran, der kaum ein Gewissen hat ... Doch da gibt es noch einen anderen Weg, der kostet vielleicht ein bisschen mehr, ist für euch jedoch viel entspannter.

> *IRF: Meinst du das mit dem Fertighaus? Rudi und Angie hatten auch in Erwägung gezogen, ein kleines Fertighaus zu kaufen. Dafür brauchte es seltsamerweise keine behördliche Genehmigung.*
> *Nemo: Ja, ich sehe es kommen – und auch wieder gehen. Heimlichtuerei ist nicht so eures. Auch wenn es klappt und keiner merkt: zu welchem Preis? Ist der nicht viel höher als ein paar Tausend Euro mehr? Es werden übrigens auch einige Kosten auf euch zukommen, mit denen ihr jetzt noch nicht rechnen könnt, würdet ihr so weitermachen …*
> *Mein Rat: Rollt noch einmal alle Gedanken und Ideen zurück. Was war der Auslöser für euren Plan? Wodurch hat sich der Ablauf verändert? Was ist dazugekommen und hat die Richtung verändert oder das Ziel vernebelt? Wo macht ihr Bedürfnisse anderer zu euren Bedürfnissen? Wenn ihr den Mut habt, das noch einmal ganz genau zurückzuverfolgen, werdet ihr erkennen, wo es wirklich hingehen soll. Das Wechselhaus könnte auch da mehr dienen. Geht zurück zum Ursprung. Und lasst euch Zeit damit.*

Nemo bekräftigte seine Mitteilungen, indem er mir innerlich folgendes sehr klares Bild schickte: Ein Kran hebt ein kleines Häuschen über die Hofmauern, eben das Wechselhaus. Ja, und Nemo meinte dann noch, er sähe mich in eben diesem Wechselhäuschen sitzen und an meinem Buch schreiben …

Der Frust meiner Freunde durch Nemos Mitteilungen war erst einmal groß, hatten sie doch schon alles so schön geplant. Außerdem stellte sich heraus, dass ein einigermaßen passables Fertighaus viel teurer war als ein Bau mit viel Eigenleistung. Mit dem Hinweis auf das Haus, das kommt und geht – also das Wechselhaus – konnten die beiden erst einmal nichts anfangen.

Es vergingen einige Monate, das Bauvorhaben war gestoppt und die Idee vom Gäste-Appartement auf Eis gelegt. Da machte sich die Abwassergrube auf dem Grundstück sehr unangenehm bemerkbar und es folgte eine größere Grabe- und Reparaturmaßnahme, um den Schaden zu beheben. Meinen Freunden fiel auf, dass das Ganze viel umfangreicher und noch viel teurer geworden wäre, hätten sie ihren Plan mit dem Bau des Gäste-Appartements durchgeführt, denn es hätten Teile davon abgebrochen werden müssen – das waren dann also die unerwarteten Kosten, auf die Nemo bereits hingewiesen hatte.

Einige Monate später entdeckte Rudi, der die Sache mit dem Gäste-Appartement schon wieder vergessen hatte, auf einer seiner Fahrten über die Insel einen Platz, auf dem kleine Wohncontainer standen. Sie wirkten bei aller Einfachheit doch sehr einladend und stabil. Er wollte mehr darüber wissen und erfuhr, dass man sich ohne jegliche Genehmigung einen solchen Container auf sein Grundstück stellen konnte. Schon wenige Minuten später handelte er mit dem Verkäufer einen sehr günstigen Preis aus und konnte sofort einen Wohn- sowie einen Duschcontainer sein Eigen nennen. Eine Woche später hob ein Kran dieses „Häuschen in zwei Teilen" über die Hofmauer. Die Versorgungsleitungen mussten noch angepasst und an den Duschcontainer angeschlossen werden, dann wurde der Wohnraum liebe- und geschmackvoll eingerichtet.

Angie hatte es sich zur Gewohnheit gemacht, immer mal wieder nicht nur die aktuellen, sondern auch die älteren Protokolle der telepathischen Gespräche mit den Hunden durchzulesen. Inzwischen gab es schon einen ganzen Stapel davon, denn ich sprach sehr häufig mit Roxy, Nemo und Amma. Die beiden Container waren längst installiert und hatten bereits die ersten Gäste beherbergt, da las Angie das Protokoll von dem Gespräch mit Nemo, das gut ein Dreivierteljahr zurücklag und bei dem er auf die Frage zu den Gäste-Appartement-Plänen antwortete. Ganz aufgeregt lief sie zu Rudi und sagte:

Da, Nemo hatte es schon gewusst! Das mit den Containern, also den Wechselhäuschen, das stand schon in einem der Protokolle!

Kurz darauf flog ich wieder nach Lanzarote und verbrachte meine Inselwochen nicht mehr wie früher in einer Ferienwohnung irgendwo auf der Insel, sondern bezog das Wechselhäuschen auf dem Hof von Rudi und Angie. So wie Nemo es gesagt hatte, saß ich viele Stunden in dem Wechselhäuschen bei der Arbeit an diesem Buch. Ein Laptop älteren Baujahrs, das sonst zu nichts anderem mehr zu gebrauchen war, diente mir als Schreibmaschine.

Wenn Angie auch heute noch die alten Gesprächsprotokolle durchliest, entdeckt sie immer wieder Mitteilungen, die sie und Rudi zum Zeitpunkt des Tiergesprächs nicht so recht hatten einordnen können und vergessen hatten. So findet sie im Nachhinein, dass die Hunde – allen voran Nemo – viele Dinge schon vorher wussten und ansprachen, bevor es dann tatsächlich eintraf oder ins menschliche Bewusstsein treten konnte, und dass es Lösungen gab, mit denen keiner gerechnet hatte – ob es nun um menschliche Probleme ging oder um das Hunderudel, ob um berufliche Fragen oder um Baupläne …

Nero   *Birma*

Nero liebt Hühner und Birma liebt BWL

Die braun-goldene Siamkatze Birma und der schwarze Kater Nero lebten in einem Tierheim, bevor Doris H. sie im Jahr 2004 zu sich nach Hause holte. Beide eroberten im Nu Doris' Herz und veränderten ihr Leben auf wunderbare Weise.

Doris H. kontaktierte mich das erste Mal im Herbst 2012 und wünschte eine Tierkommunikation, da Birma erkrankt war. Während eines der Telefongespräche anlässlich eines weiteren telepathischen Kontakts mit Birma, Anfang 2013, erzählte mir Doris H. auch einige Geschichten aus ihrem Leben mit ihren beiden Katzengefährten. Zwei wirklich bemerkenswerte Erlebnisse, wovon jenes mit Birma ein paar Jahre zurückliegt und die Geschichte über Nero noch ganz aktuell ist, möchte ich an dieser Stelle unbedingt wiedergeben:

Nero stellte seine telepathische Verbundenheit mit Doris H. schon unter Beweis, als sie ihn im April 2004 aus dem Tierheim holte. Er wartete bereits auf sie hinter dem großen Eisentor und sprang auch ganz selbstverständlich in die Katzentransportbox, die sie mitgebracht hatte. Sie war sehr erstaunt darüber, denn sie hatte bei ihrem ersten Besuch im Tierheim mit keinem Wort ihm gegenüber erwähnt, dass sie ihn ausgewählt hatte. Nero zeigte auch sehr bald ein außergewöhnliches soziales Verhalten, indem er fremde Katzen mit nach Hause brachte und zu seinem Fressnapf führte.

Doris H. erzählte mir weiter, dass ihre Mutter eines Tages von einem Biobauern – der 300 Meter von ihnen entfernt einen Hof mit Bio-Laden bewirtschaftete – angesprochen und gefragt wurde, ob ihr eine schwarze Katze gehöre. Als sie die Frage bejahte, sagte er, dass diese schwarze Katze ständig seine Enten und Hühner jagen und die Hütte besetzen würde, die für die Enten vorgesehen sei – zum Schutz an heißen Tagen. Nachdem ihr ihre Mutter von diesem Gespräch erzählt hatte, ging sie gleich am nächsten Tag zu dem Bauern, um ihm zu versichern, dass sie natürlich für Schäden, die Nero anrichtete, aufkommen würde. Bei der Verabschiedung erzählte er beiläufig, dass er selbst fünf Katzen hätte, von denen sich jedoch keine für das Federvieh interessierte.

Nero wurde einige Zeit später auf der Straße, die am Haus von Doris H. vorbeiführte, angefahren. Über acht Wochen musste er im Haus bleiben, bis der Bruch ganz geheilt war. Während dieser Zeit konnte er natürlich auch nicht auf den Hof zu den Enten und Hühnern. Das fiel dem Biobauern wohl bald auf und er erkundigte sich eines Tages bei Doris' Mutter nach Nero, als sie wieder im Laden bei ihm einkaufte. Er vermisste ihn nämlich, denn nun wusste er, dass Nero die ganze Zeit etwas Gutes getan hatte: Der Zaun, der das Gelände für die Hühner und Enten begrenzte, war nämlich an einigen Stellen undicht und die Tiere konnten ausreißen. Er hätte jetzt viel zusätzliche Arbeit, sagte der Bauer, um sie wieder einzufangen. Hoffentlich würde Nero bald gesund werden, damit er wieder auf seine Hühner und Enten aufpassen konnte.

Nero wurde Gott sei Dank wieder gesund, der Bruch verheilte gut und beim ersten Freigang lief er gleich schnurstracks zu seinen Hühnern und Enten, kam an den folgenden Tagen – ein bis zweimal zum Fressen zurück nach Hause und abends, wenn die Hühner und Enten in den Stall mussten, machte er „Feierabend". Der Bauer hatte sich sehr darüber gefreut, Nero wiederzusehen. Das ganze Federviehareal gehörte inzwischen Nero – er war dort der Chef, der für Frieden und Ordnung sorgte.

Doris H.: Im Sommer geht er oft am Abend zusammen mit den Hühnern in den Hühnerstall und lässt sich mit einsperren. Er übernachtet dann darin mit ca. 21 Hühnern. Wenn er zur gewohnten Zeit nicht nach Hause kommt, gehe ich, bevor es ganz dunkel ist, zum Biohof, um nachzuschauen, ob Nero im Hühnerstall sitzt. Mit der Taschenlampe leuchte ich hinein. Da liegt Nero neben den Hühnern, die auch so groß sind wie er, wunderschöne bunte Hühner.

Wenn ich ihn rufe und bitte, rauszukommen, faucht er – und bleibt. Er verkriecht sich sogar noch ein bisschen weiter nach hinten, damit er nicht zu fassen ist. Ich bitte ihn oft: „Komm doch mit nach Hause – du bist doch kein Huhn." Doch er bleibt bei den Hühnern, fühlt sich sichtbar glücklich und wohl dort. Ich schließe dann den Stall wieder ab und gehe beruhigt nach Hause, denn er ist ja bestens aufgehoben. Mich wundert allerdings, dass die Hühner ihn akzeptieren und dass sie so friedlich miteinander umgehen. Dies ist eine wahre Begebenheit, die sich bis heute täglich wiederholt.

Ich bat Doris H. um Erlaubnis, Nero zu befragen, denn mich interessierte natürlich brennend, welche Gründe Nero für sein ungewöhnliches Verhalten hatte.

IRF: Lieber Nero, magst du mir erzählen, was dich so sehr mit den Hühnern und Enten verbindet? Ich und natürlich auch deine Menschenfreundin wüssten das wirklich sehr gerne, auch um dich besser verstehen zu können.

Nero: Ein Huhn zu sein ist etwas sehr Behagliches, Fröhliches, Unbeschwertes, zumindest wenn es einigermaßen artgerecht leben kann. Ich wurde aus dieser Beschaulichkeit einst herausgerissen, weil ich unachtsam war, weil ich mich zu weit entfernt hatte vom Hof, vom geschützten Gelände. Nun möchte ich diese Hühner hier – und auch die Enten – vor meinen wilden Verwandten, die im Wald leben, schützen und so lange wie möglich ihre liebenswerte Gesellschaft genießen. Außerdem lernen wir von uns gegenseitig, erzählen von unseren verschiedenen Lebenswelten und sind auch ein bisschen rebellisch, aufmüpfig im Sinne von Friedens-Anstiftern. Wir wollen mehr Frieden zu den Menschen bringen, damit sie friedvoller mit den Tieren umgehen können.

Wenn ich bei den Hühnern bin, sind wir geistig oft bei ihren Artgenossen, die qualvoll eingesperrt sind, trösten sie und geben ihnen Kraft zum Überleben oder auch zum Sterben. Ein Huhn hat hauptsächlich Interesse an seiner unmittelbaren Umgebung und den Wesen, die in seiner Nähe leben, ist zufrieden mit einem relativ kleinen Radius, auch im Denken und Fühlen. Wir Katzen sind da ganz anders. Wir brauchen sehr viel Raum, physisch und noch mehr geistig. Uns interessiert, was auf anderen Planeten passiert, was sich auf anderen Kontinenten ereignet, wie es Artgenossen nah und fern geht. Wir verbinden uns mit ihnen, tauschen uns aus, stehen uns gegenseitig bei.

> *Das bringe ich den Hühnern bei, damit sie ihren Horizont erweitern und auch an die Hühner denken, denen es nicht so gut geht. Die Hühner haben nämlich die Fähigkeit, über Entfernung zu trösten und zu unterstützen. Durch die Züchtungen ist diese Gabe verkümmert. Bei uns Katzen hingegen ist diese Gabe sehr ausgeprägt, sie lässt sich nicht wegzüchten.*
>
> *Der „Unterricht" bei den Hühnern und unsere gemeinsame Arbeit für ihre Artgenossen funktioniert am besten nachts. Tagsüber kann ich diese Aufgabe zwar auch ein bisschen wahrnehmen, doch ansonsten geht es am Tag mehr um Schutz und Behaglichkeit.*

Mit Birma hatte ich im Zusammenhang mit der folgenden Geschichte zwar keine telepathische Kommunikation, doch die Verständigung zwischen Doris H. und Birma klappte auch so. Und wie! Da ich der Meinung bin, dass jeder Mensch sich telepathisch verständigen kann und die meisten mehr auf diese Weise aufschnappen, als sie glauben, ist diese Geschichte für mich auch noch ein wunderbarer „Beweis" dafür.

2008 begann Doris H. berufsbegleitend Betriebswirtschaftslehre zu studieren, auch wenn ihr klar war, dass sie Freizeit und Urlaub bei diesem zusätzlichen Arbeitspensum erst einmal zurückstellen musste, um einen erfolgreichen Abschluss schaffen zu können. Die Abende und Wochenenden verbrachte sie fast ausschließlich mit Lernen.

Sobald sich Doris H. mit ihren Lehrbüchern und sonstigen Unterlagen niederließ, folgte Birma meistens recht bald und setzte sich neben sie, verhielt sich ganz ruhig, schaute und hörte ihr zu. So war Doris H. nicht alleine bei ihren Studien, und es wurde ihr auch nicht langweilig – dank Birmas Gesellschaft.

Mit der Zeit sprach Doris auch laut mit Birma über all die zu lernenden Themen, über die Aufgaben, ihre Probleme damit und auch über Inhalte von Vorlesungen. Obwohl Birma nicht mit Worten reagieren konnte, hörte sie doch immer aufmerksam und interessiert zu. Wie mir Doris H. berichtete, hatte sie das Gefühl, verstanden zu werden.

Zum Ende des ersten Semesters standen Prüfungen an. Doris H. rauchte der Kopf – die bislang erarbeiteten Themen waren überaus vielzählig und dazu noch sehr komplex. Dennoch sollten sich die Prüfungsfragen und erforderlichen Lösungen nur auf Bruchteile daraus beziehen. Doris H. wusste oft nicht, welche Schwerpunkte sie beim Lernen setzen sollte. In ihrer Ratlosigkeit sprach sie einmal Birma an und fragte:

„Was meinst du? Schau mal hier und da ... und da ..."

Die Unterlagen lagen ausgebreitet vor ihr – Birma beschnupperte manche Textstapel sehr intensiv, andere gar nicht. Doris H. notierte sich ganz genau die Themen an den Stellen, an denen ihre Katze so ausdauernd geschnuppert hatte.

Doris H.: Nach Rücksprache mit meinem Dozenten kamen diese Themen in den Prüfungen der vergangenen fünf Jahre nicht vor. Er meinte zwar, es könnte dennoch sein, wenn auch eher unwahrscheinlich ... doch ausschließen könnte er es wiederum auch nicht. Und er fragte, wie ich auf genau diese Themen gekommen wäre. Ich entgegnete: „Ach, nur so..."
Zusätzlich bat ich auch noch um die Meinung eines Studienkollegen, der für mich Vorbild in puncto Wissen und Können war. Er meinte: „Warum nicht? Die Themen passen zwar zum großen Teil noch nicht zu unseren aktuellen Wirtschaftsproblemen, aber diese könnten in naher Zukunft auftreten ... und dann könnten diese Themen durchaus relevant werden." Auch er wollte die

Gründe für mein Fragen wissen, doch wieder antworte ich: „Ach, nur so..."

Doris H. hatte sich schließlich die Arbeit gemacht und all diese von Birma „angeschnupperten" Themen zusätzlich gelernt. Es scheint zwar unglaublich, aber es ist dennoch wahr: Bei der Prüfung waren genau diese Themen von großer Bedeutung. Sie machten ungefähr zwei Drittel des Prüfungsstoffes aus. Nur ein Drittel der Fragen gehörten zu denen, die zu erwarten waren!

Doris H.: *Ich hatte so ein Glück! Hätte ich diese Themen nicht gelernt, wäre das Prüfungsergebnis nicht nur schlecht ausgefallen – vielleicht hätte ich gar nicht bestanden! So konnte ich meine Prüfung mit Erfolg abschließen, zusammen mit ein paar wenigen anderen Prüflingen – Bester wurde mein Studienkollege, den ich vor der Prüfung um Rat gefragt hatte.*

Birma unterstützte Doris H. in dieser Form weiter bis zum Studienende – zu ihrer großen Freude.

Doris H.: *Mir wurde in dieser Zeit auch klar, dass die größten Geschenke nicht die materiellen Dinge sind. Denn ich hatte das große Glück, jeden Tag ein neues anderes Geschenk von Birma zu erhalten, ohne je einen Wunsch geäußert zu haben. Das hat mich sehr glücklich gemacht und ich bin Birma so dankbar dafür.*

Ich hätte Birma zu gerne noch gefragt, woher sie gewusst hatte, welche Themen für die BWL-Prüfung wichtig waren. Doch wie Birma es angestellt hatte, wird ihr Geheimnis bleiben. Denn sie vollendete ihr Leben im Januar 2013, noch bevor es klar war, dass ich ihre und Neros Geschichten in mein Buch aufnehmen würde.

Tierbotschaften als Vermächtnis

Ani – Die schöne Albino-Tigerpython

Vor einiger Zeit hatte ich die Gelegenheit, mit einer Schlange zu sprechen, die in einem Reptilienzoo lebte. Über hundert verschiedene Arten von Schlangen gab es dort, auch Spinnen und kleinere Echsenarten. „Zoo der Ungeliebten" – im Vorbeifahren auf dem Weg ins Allgäu entdeckte ich dieses Schild auf dem Dach eines flachen Gebäudes. Ich weiß zwar noch, dass mich ein unbehagliches Gefühl – eine Mischung aus Ärger und Trauer – beschlich, ausgelöst durch diese Worte, doch ich hatte den Kopf voller anderer Dinge, die sich schnell wieder in den Vordergrund schoben und dieses Gefühl verdrängten. An meinem Ziel angekommen, fand ich auf dem Esstisch in meiner Ferienwohnung verschiedene Prospekte über die Sehenswürdigkeiten der Gegend, es war auch ein Flyer über diesen Zoo dabei.

Einige Tage später machte ich mich auf den Weg zu diesen Wesen, denn lange schon hatte ich meine große Liebe zu Schlangen entdeckt. Auch Spinnen und andere für viele Menschen gruselige oder eklige Tiere sind für mich liebenswerte Geschöpfe, denen ich viel Bewunderung und Respekt entgegenbringe. In unseren Breitengraden haben wir ja keine Möglichkeit, diesen exotischen Tieren in der Natur zu begegnen. Die meisten Menschen werden darüber auch sehr froh sein, denn der Ruf von giftmordenden, heimtückischen, würgenden Schlangen, Spinnen und anderen uns fremden, angsteinflößenden Tieren hält sich wacker. Wer hat schon einmal die Gelegenheit, sich mit der Realität der wahren Natur dieser Lebewesen auseinanderzusetzen oder gar Freundschaft mit einem solchen Tier zu schließen?

Also zog ich recht aufgeregt los, mit meiner großen Liebe für all diese Geschöpfe und mit dem Wunsch, mit dem einen oder anderen auch kommunizieren zu können. Dort angekommen, war weit und breit kein Mensch zu sehen. Also ging ich auf das Gebäude zu und traf dort auch gleich auf den Zooinhaber. Meiner Bitte, mit seinen Tieren telepathisch Kontakt aufnehmen zu dürfen, entsprach er gerne. Mit dieser Erlaubnis und klopfendem Herzen betrat ich also den Zoo, der in der Hauptsache aus einem gut temperierten Raum mit vielen Terrarien verschiedenster Größen bestand. Ich nahm innerlich Kontakt mit den Tieren auf und verkündete mein Anliegen, meine friedliche Absicht sowie meinen Wunsch zu kommunizieren und fragte, wer von ihnen Lust darauf hätte. Mein Blick fiel auf ein recht großes Terrarium auf der linken Seite, in dem eine sehr große oder besser gesagt lange Tigerpython lag. Kurze Zeit später erfuhr ich ihre tatsächliche Größe: fast genau drei Meter. Neben ihr auf dem Boden des Terrariums nahm ich einen ebenfalls recht langen und schlangenförmigen Gegenstand wahr, zitronengelb und weiß gemustert. Ich dachte nur: Ach, mögen also auch Schlangen so etwas wie Plüschtiere? Dann schaute ich mich weiter um im Raum und wartete auf ein Signal oder eine Antwort von einem der anwesenden Tiere.

Zu meiner großen Verblüffung bewegte sich das vermeintliche Spieltier neben der Python ganz plötzlich! Und von ihm kam auch die Antwort:

Ich möchte mit dir sprechen!

Die Schlange hob ihren Kopf und schob dann ihren Leib an der Frontglasscheibe des Terrariums nach oben. Ich trat ganz nah vor diese Scheibe und konnte jetzt auf ihren weißen Unterkörper schauen und die Muskelbewegungen erkennen. Mit ein paar Blicken erfasste ich die „Einrichtung" dieser Schlangenwohnung. Der Boden mit einer Fläche von etwa 2 m Breite und 1,5 m Tiefe war zum größten Teil mit einem grünen teppichähnlichen Kunststoffmaterial ausgelegt – bis auf eine Stelle mit einer Vertiefung, in die ein ca. 20 cm tiefes türkisfarben lackiertes Wasserbecken eingesetzt war. Drei größere graue Steine sowie ein Arrangement aus einem künstlichen schokobraunen Baumstamm mit Ästen und grünen Blättern aus Plastik ergänzten die recht karge Wohnlandschaft.

Bei der gelben Schlange handelte es sich um eine Albino-Tigerpython. Aus meinen Begegnungen mit ihr sind viele Aufzeichnungen entstanden – ein ganzes Tagebuch. Häufig habe ich über ein Foto mit ihr kommuniziert, da mein Urlaub nach zwei Wochen zu Ende war und ich wieder nach Hause fahren musste. Die Python und ich haben über verschiedene Themen gesprochen, die mal von ihr, mal von mir angeregt wurden: Sie betrafen ihr Erleben in diesem Zoo, unverarbeitete Geschichten und ungeheilte Wunden bei mir. Selbst auf Fragen des Zoobesitzers gab die zweieinhalb Meter lange Albino-Tigerpython frappierende Antworten. Jedes Mal, wenn ich in diesen Aufzeichnungen lese, bin ich tief berührt von unseren Gesprächen, die von so viel Vertrautheit und Intimität erfüllt waren.

Mit diesem Kapitel erfülle ich zudem einen großen Lebenswunsch dieser zitronengelb-weißen Schönheit – auch wenn ich nicht alle Mitteilungen der Python veröffentlichen möchte, da diese wirklich zu persönlich sind. Wenn ich einem Tier gegenüberstehe und vor allem, wenn ich mich mit ihm telepathisch verbinden möchte, empfinde ich häufig einen seelischen Schmerz. Ich erlebe die Trennung, die das Auge mir vorgibt, und die verlorene ursprüngliche Verbundenheit mit allem, als Schmerz. Auch dass ich mich (noch) nicht – wie die Tiere – ganz im Eins fühlen kann mit allem, mit allen Wesen, mit allem, was ist. Auch wenn sich meine Sinne an den Anblick der Körper der mir vertrauten Tiere und an ihr Wesen gewöhnt haben, kann es sein, dass ich plötzlich, als wäre eine gläserne Wand zwischen uns geschoben, wieder diesen Schmerz der Trennung empfinde. Bei Begegnungen mit exotischen Tieren geschieht das jedes Mal, wenn ich mich tiefer auf sie einlasse. So stand ich also an einem Tag im Mai 2005 vor dem Terrarium, bestaunte die Form und die Schönheit dieser Schlange und fühlte wieder diesen Schmerz in mir. Nach einigen Minuten kam mir in den Sinn, mich vorzustellen und sie nach ihrem Namen zu fragen.

> *IRF: Ich heiße Rose. Wie darf ich dich nennen? Hast du einen Namen?*
> *Schlange: Ani.*
> *IRF: Das erinnert mich an den Namen Anina. So habe ich mich eine Zeitlang genannt. Er bedeutet Lichtherz, wurde mir gesagt.*

Ani: Ja, Ani hat ähnliche Qualitäten, lichtbringende Qualitäten. Ich bin nicht umsonst so hell.
IRF: Magst du mir sagen, wie es dir geht? Hier im Zoo? Ist es schlimm für dich, als einzigen Lebensraum dieses Terrarium zu haben?
Ani: Schau mich doch an. Würdest du so leben wollen?
IRF: Natürlich nicht. Doch ich empfinde mein Leben auch oft als Käfig und bin sehr unglücklich. Dann muss ich mich selbst rausziehen und mir sagen, so ist halt dieses Leben, und ich bin nicht ewig an die Existenz in dieser Form, in diesem Körper, angewiesen ...
Ani: Ja, ja, das weiß ich alles auch ... Eigentlich würde ich lieber sterben als noch lange hier im Käfig zu sein.
IRF: Wie sollte es gehen, dass du aus dem Käfig rauskommst?
Ani: Geistig. Wenn mein Geist dich und andere Menschen erreicht, habe ich gelebt, sinnvoll gelebt. Dann kann ich beschließen zu sterben.
IRF: Ich fühle mich sehr von dir angesprochen und will versuchen, deine Botschaft zu vermitteln. Gerne möchte ich den Kontakt mit dir fortsetzen, auch wenn ich wieder zu Hause bin – ca. 250 km entfernt von hier. Sollen wir täglich eine bestimmte Zeit vereinbaren? Oder meldest du dich einfach, wenn du willst?
Ani: Beides. Regelmäßige Zeiten sind gut. Und zwischendurch lass ich von mir hören. Morgens ist gut. Ich bin zwar nicht wie du an Zeiten gebunden. Ich kann immer kommunizieren. Doch für dich ist morgens gut, da ist dein Hirn, dein Verstand, noch ruhiger.
IRF: Du sagtest, du willst die Menschen erreichen. Wie könnte das gehen?
Ani: Schreib ein Buch über unsere Gespräche. Damit könnten viele Menschen erreicht werden, und ich muss nicht so lange im Käfig leben.

> *IRF: Ich empfinde viel Liebe für dich und wäre dir gerne nahe, ohne diese Glaswand zwischen uns, und ich würde gerne mit dir schmusen.*
> *Ani: Das könnte Probleme geben …*
> *IRF: Was heißt das?*
> *Ani: Du würdest, ohne es zu wollen, Angst haben. Ich würde sie spüren und darauf reagieren, ich – meine Schlangenform – auf dich – deine Menschenform. Du weißt doch, die Formen (sie meinte ihren und meinen Körper sowie ihr tierliches und mein menschliches Wesen) lassen das nicht so ohne Weiteres zu. Meine Form, meine Form … unterscheide zwischen dem, was du siehst, und dem, was ich bin. Meiner Form muss ich Genüge tun, wie du auch. Du frisst auch andere Tiere, du bist auch bedrohlich.*
> *IRF: Würdest du mich fressen?*
> *Ani: Nicht unbedingt, ich bin ja nicht hungrig. Doch ich könnte vielleicht das tun, was ein Fressen vorbereitet …*
> *IRF: Du meinst, du würdest mich würgen?*
> *Ani: Ja, ihr nennt es so. Ich würde mich damit verteidigen, als Reaktion auf deine Angst. Ich bin auch nicht mehr unschuldig.*
> *IRF: Was heißt für dich unschuldig?*
> *Ani: Mein Schlange-Sein ist im Kampf, erdenmäßig, ist in Angst verwickelt, will auch erlöst sein. Wie du.*
> *IRF: Wie nimmst du mich wahr?*
> *Ani: Lecker, appetitlich, wie ein weißes Kaninchen – auf Schlangenebene. Auf Seelenebene sind wir ähnlich, da bist du eher so etwas wie mein Kind.*

Dass ich „Tiere fresse", stimmte nicht ganz, denn ich war damals schon seit über zwei Jahrzehnten Vegetarierin. Doch ich aß tierische Produkte wie Eier, Milch, Butter und Käse … Heute lebe ich vegan und finde, dass Vegetarismus nur eine Beruhigung für das schlechte Gewissen ist, doch keine konsequente Haltung. Ich dachte damals noch, dass alles, was die Tiere freiwillig gäben, also Produkte vom lebenden Tier, in Ordnung seien für meinen Speiseplan. Seit einigen Jahren weiß ich jedoch, dass das mit der Freiwilligkeit nicht stimmt. Insofern muss ich Ani aus heutiger Sicht Recht geben, denn ich war beteiligt an der Ausbeutung von Tieren, was auch nicht besser ist, als Tiere zu essen.

Wenige Monate nach meinem ersten Besuch bei Ani fuhr ich zum zweiten Mal ins Allgäu. Drei Tage nach meiner Ankunft setzte ich mich das erste Mal seit vielen Wochen wieder hin, um mit Ani zu sprechen. Der Zooinhaber hatte mir im August ein Foto von ihr mitgegeben. Ich hatte mich die ganze Zeit vor weiteren Kontakten mit ihr gedrückt – auch, weil ich Anis Situation in der Gefangenschaft kaum aushalten konnte und der weitere Kontakt mit ihr unbequem für mich hätte werden können. Dabei hatte ich ihr versprochen, täglich mit ihr zu kommunizieren. Also hatte ich ein schlechtes Gewissen, was ich ihr zu Beginn meiner erneuten Kontaktaufnahme auch sagte. Ich bat sie um Entschuldigung und um Verständnis. Kaum hatte ich sie derart angesprochen, forderte sie mich auf:

Komm mich besuchen!

IRF: Ich bin jetzt wieder ganz in deiner Nähe, ca. 50 km entfernt.
Ani: Ja, ich weiß.
IRF: Möchtest du, dass ich zu dir in den Zoo komme?
Ani: Ja, hab keine Angst davor, hab keine Angst vor deinen Gefühlen.
IRF: Ich habe auch Sorge wegen Geld für Benzin usw. Kannst du dazu etwas sagen? Meine finanzielle Situation ist eher beunruhigend, meine Konten sind überzogen und ich muss aufpassen

und rechnen, dass ich „über die Runden" komme. Irgendwelche Extras sind im Grunde nicht drin, darum eben auch keine Extra-Autofahrten. Die Ferienwohnung gehört Freunden und ich kann sie umsonst nutzen.
Ani: *Geld ist Energie. Energie geht nicht verloren, wie du weißt.*

Ich erinnerte mich in diesem Augenblick auch an die Mahnung meines geistigen Helfers während einer Meditation. Diese lautete, dass ich keinesfalls den Geldmangel als Entschuldigung vorgeben sollte, wenn ich etwas aus anderen Gründen nicht tun mochte oder wenn ich mir etwas sehr und von Herzen wünschte. Das würde meinen Mangel nur noch mehr verstärken. Also fragte ich:

Ist es ok, dass ich komme, wenn das Wetter wieder schlechter wird? Gerade ist wundervolles sonniges Herbstwetter.
Ani: *Nein, komm bald, komm morgen. Ruf vorher an.*
IRF: *Ich würde gerne mit dir allein sein, meinst du deshalb, dass ich anrufen soll?*
Ani: *Ja*
IRF: *Was ist heute wichtig für dich? Über was wirst du mit mir sprechen wollen?*
Ani: *Schreib das Buch endlich. Denke an die Energie. Denke an mich.*
IRF: *Was hältst du davon, dass ich morgen dem Zooinhaber vorlese, was ich bisher aufgezeichnet habe von unseren Gesprächen?*
Ani: *Na ja, das wäre mehr für dich als für mich. Es könnte sogar eher stören.*
IRF: *Was?*
Ani: *Die Stimmung hier.*
IRF: *Gibt es etwas, was ich Herrn B. von dir ausrichten kann?*

Ani: Ja, er soll ausbauen, denn ich wünsche mir – ich brauche mehr natürliche Reize wie Sonne, Gras, Bäume, Steine, Luft, Wind, Regen ...
IRF: Hast du sonst noch etwas für Herrn B.?
Ani: Er soll sich trauen, anders zu sein, sich von anderen Züchtern unterscheiden. Er soll Gottes Segen in sein Tun hineingeben. Und frag ihn, ob er eine Frage an mich hat ...
Es wäre schön, wenn du jetzt dran (am Buch) bleiben würdest.
IRF: Kannst du mir dabei helfen oder mir einen Tipp geben, wie?
Ani: Nimm mich in dich auf, wie bei den anderen Tierübungen, wie bei den Krafttieren. Nimm etwas von mir mit!
IRF: Dann ruf ich jetzt gleich an ...
Ani: Warte noch ein paar Minuten, damit ich wirken kann ...
10 Min.
IRF: Wann soll ich morgen kommen?
Ani: Eher morgens ...

Am nächsten Tag traf ich um 10 Uhr beim Zoo ein. Noch waren keine anderen Besucher da. Der Zooinhaber hatte mir vorgeschlagen, etwa eine halbe Stunde vor der offiziellen Öffnungszeit zu kommen. So wäre ich ungestört bei meinen Tiergesprächen. Ich deutete an, dass ich Nachrichten für ihn von seiner Albino-Tigerpython hätte und dass sie auch einen Namen hätte: Ani. Auch wäre Ani bereit, auf eine persönliche Frage von ihm zu antworten. Als hätte er sich darauf schon vorbereitet, formulierte er spontan seine Frage. Dann bat er mich um Entschuldigung dafür, dass er ihr Terrarium noch nicht sauber gemacht hätte – Ani hatte wohl gerade in das Wasserbecken gekotet – und so holte ich einen Stuhl heran und setzte mich direkt vor die Scheibe, hinter der Ani und ihr Schlangenpartner wohnten. Bei ihrem Anblick wurde ich wieder sehr traurig.

IRF: Hallo Ani, ich bin's, Rose.

Ani lag noch immer im Wasserbecken, nur ihr Kopf ragte über den Wasserspiegel. Als sie mich bemerkte, hob sie den Kopf in meine Richtung und züngelte.

IRF: Ich bin sehr berührt, dich wieder zu sehen. Und du?
Ani: Ich auch.
IRF: Du bist so schön, Ani. Wie geht es dir mit deinem Partner hier im Käfig?
Ani: Er ist jetzt wohl ein bisschen eifersüchtig …

Die männliche Pythonschlange, braun gemustert und viel größer und dicker als Ani, bemerkte mich auch, wandte sich mir zu und züngelte ebenfalls. Dann kroch sie direkt vor mich bzw. zwischen Ani und die Scheibe. Doch ich versuchte in Kontakt mit Ani zu bleiben.

IRF: … Ich höre nichts … Ani, bist du traurig, bist du deprimiert?
Ani: Ja, das kann man laut sagen. Auch die andere Python ist traurig.

Ich hörte die braune Python durch die Scheibe atmen – wobei ich nicht gleich erkennen konnte, wodurch das für mich unerwartete Geräusch verursacht wurde, und erst langsam dahinter kam, dass es das Atemgeräusch der großen Python war. Ihr Kopf befand sich direkt vor mir, und sie verharrte so. Herr B. fütterte währenddessen die kleineren Schlangen in den anderen Terrarien mit lebendigen weißen Mäusen. Obwohl ich nicht hinschauen wollte, konnte ich sehen, wie er eine Maus, die zusammen mit vielen anderen Mäusen in einem Plastikbehälter saß, mit einer Pinzette im Nacken packte, sie heraushob, die Scheibe des Terrariums öffnete und der Schlange die Maus vor die Nase hielt. Ich hörte die Maus quieken. Kurz danach, mit einem etwas längeren Seitenblick, konnte ich sehen, dass eine kleinere grüne Schlange ihren Leib um die Maus gewunden hatte. Das war wohl eine kleine Würgeschlange. Ich hätte vermutet, dass die Schlange die Maus mit ihrem Giftzahn biss, sie damit lähmte und sie dann verschlang. Kurze Zeit später sah ich eine andere weiße tote Maus in dem weit aufgerissenen Maul der Schlange stecken. Während dieser Fütterung betete ich innerlich das „OM".

Ich fragte mich, was Ani und ihr Partner wohl zu fressen bekamen? Doch ich sprach diese Frage nicht aus. Nachdem Ani lange Zeit reglos und mit abgewandtem Kopf im Wasserbecken gelegen hatte, drehte sie sich mir jetzt wieder zu. Die braune Python schob sich noch einige Zentimeter dichter zwischen Ani und die Glasscheibe.

Ani: Du bist zu sehr abgelenkt von dem Ganzen hier.
IRF: Das stimmt. Die Fütterungen berührten mich sehr. Es fällt mir schwer, diese Situation auszuhalten und dass ich jetzt sofort nichts tun kann. Es ist auch so anders, als ich mir den Besuch bei dir vorgestellt hatte.
Ani: Dein Besuch ist auch weniger zum Aufschreiben für dich, sondern dass du da bist.
IRF: Soll ich dich jetzt strömen? Magst du mein Strömen?
Ani: Ja, wir alle hier mögen das.

Also strömte ich, stellte alles und jedes Lebewesen hier in die Liebe Gottes, denn ich fühlte mich ansonsten sehr hilflos. Nach einigen Minuten ging ich wieder in direkten Kontakt mit Ani.

> *IRF: Ani, Herr B. möchte gerne wissen, ob du trächtig bist, Nachwuchs erwartest?*
> *Ani: Tja, er denkt an seinen Geldbeutel …*
> *IRF: Kannst du das bitte genauer erklären?*
> *Ani: Er soll das Wunder sehen!*
> *IRF: Wenn ich deinen Körper betrachte (mit meinem inneren Auge), sehe ich viel schlängelnde helle Energie in deinem hinteren Körperdrittel, sehr belebt ist es da.*
> *Ani: Das siehst du richtig. Die Möglichkeit, die Energie (für Nachwuchs) ist da … Ich möchte allerdings nicht, dass man sich einmischt, denn es ist noch abhängig von einigen Faktoren, von Menschen. Das kann ich nicht mitteilen, eben wegen der Einmischung von außen. Entstehendes Leben soll ein Geheimnis bleiben!*
> *Diese Informationen beunruhigen Herrn B. womöglich, weil er umdenken muss. Dein Job ist unbequem für ihn. Doch er muss, früher oder später. Je früher, desto weniger Druck, je leichter geht es für ihn.*

Nach einer kurzen Pause berichtete ich Herrn B. von Anis Wünschen und Bedürfnissen und teilte ihm auch ihre Antwort auf seine Frage mit. Das hatte zur Folge, dass sich Herr B. sehr öffnete und mir viel Privates von sich erzählte. Auch vertraute er mir an, dass er Schwierigkeiten hatte, diesen Zoo finanziell über Wasser zu halten. Er berichtete ausführlich von „seinen" Schlangen und zeigte mir das Freigehege, in dem er Kreuzottern züchtete.

Die Heimfahrt verbrachte ich in einem Zustand, der mir sehr angenehm war, irgendwie weich, wattig und ruhig. Auch die Fahrt selbst lief reibungslos und entspannt. Obwohl ich eigentlich noch einen Abstecher in einen – laut Reiseführer – sehr reizvollen Ort machen wollte, verzichtete ich nun darauf, um dieses Gefühl nicht zu verlieren. Es hielt auch dann noch an, als ich wieder in meiner Ferienwohnung war. Zwei Tage später meldete ich mich telepathisch bei Ani.

> *IRF: Soll ich dich erst strömen oder willst du zuerst sprechen?*
> *Ani: Erst sprechen. Schreib noch das mit dem Traurigsein auf, dass es nicht schlimm ist, traurig zu sein, dass es sogar wichtig ist und nichts, was die Menschen vermeiden sollen.*
> *IRF: Kannst du mir sagen, was passiert, wenn ein Mensch traurig ist?*
> *Ani: Traurigkeit reguliert Euphorie und Schock, löst Spannung bzw. Anspannung.*
> *IRF: Das heißt also, dass du in der Trauer, die ich bei dir wahrnehme, sozusagen arbeitest, regulierst?*
> *Ani: Ja, das tue ich, und wenn dich mein Anblick traurig macht, dann regulierst du …*
> *IRF: Und was ist dann mit der Freude?*

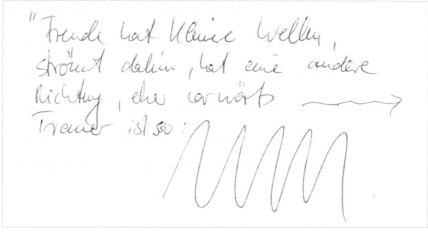

Ausschnitt aus den Tagebuchaufzeichnungen

Denk an die Klagefrauen, Trauerweiber. Das ist ein wichtiger Job. Die Menschen verdrängen die Trauer oft, dadurch entsteht viel Spannung. Hab auch du keine Angst vor der Trauer, lebe sie, das heilt.
IRF: Ist das bei Mensch und Tier gleich?
Ani: Die Welle ist gleich. Vielleicht habt ihr andere Begriffe, doch die Eigenschaft, der Sinn des Gefühls ist gleich. Ich möchte dir zum heutigen Abschied noch etwas sagen: Sanfte, süße Seelen ... die miteinander tanzen, liebend sich streicheln, wissend um Anfang und Werden. Lass dich trösten von mir, die ich so viel Trost brauche – und Geduld ...
IRF: Ani, deine Worte berühren mich so sehr!
Ich musste heftig weinen, empfand Schmerz und Glück gleichzeitig. Ich bekam eine Ahnung davon, was Ani mit „geistig Schmusen" gemeint hatte.
IRF: Ich fühle mich liebevoll mit dir verbunden, bzw. mit dem Teil von dir, den ich wahrnehme. Spüre große Zärtlichkeit für dich und von dir für mich. Das ist das Glück. Der Schmerz ist die körperliche Begrenzung, deine – und meine – Gefangenschaft. Mein Gott! Gute Nacht, Ani, bis morgen.
Ani: Bis morgen, bitte morgen.

Als ich am nächsten Tag wieder Kontakt mit Ani aufnahm, wollte sie, dass ich sie und die anderen Tiere und den Ort zuerst strömte. Nach einigen Minuten sah ich, wie der helle Strahl – die Strömungsenergie zeigt sich mir manchmal als ein Lichtstrahl – auf einen Lichtpunkt in Ani traf, sich dort teilte und auf Resonanz stieß. Diese Resonanz war wie ein Pulsieren.

IRF: Ani, was ist das Runde, Leuchtende, was ich wahrgenommen habe, als ich dich bzw. das ganze Zoohaus strömte?

Ani: Mein Zentrum, meine Lichtnatur, meine Lichtinsel. Das Pulsieren ist meine Antwort an dich. So ströme ich dich mit meiner Kraft. Genieße es eine Weile.
...
IRF: Oh, das tut sehr gut. Danke.
Ani: Stell all dein Tun in den Dienst des göttlichen Lichts – immer mehr, immer mehr. Benutze die Kraft deiner Gedanken, diese Entscheidung täglich, stündlich neu zu treffen. Sonst verzweifelst du an den Dingen und Situationen, wie du sie auf der Erde vorfindest, auch die Situation mit mir und den vielen eingesperrten Tieren und denen in den Versuchslabors.
IRF: Oh ja, daran zu denken ist ganz furchtbar. Ich versuche dann, ein Gefühl von Liebe in mir aufzubauen und dieses zu den Tieren und in die Situation hinein zu schicken.
Ani: Ja, das ist gut. Und entscheide dich vorher für den Dienst im göttlichen Licht, dann kriegt das eine noch höhere Qualität.
...
IRF: Ich hatte schon angedeutet, dass ich dich noch mal besuchen möchte, dass ich dich berühren möchte. Auch will ich erleben, wie du aus dem Terrarium rauskommst, mich wahrnimmst und wie der Kontakt sich zwischen uns gestaltet. Ob ich Angst haben werde... oder was auch immer. Und ich wünsche mir ein Foto von uns beiden!
Ani: Zum Besuch: Es gibt rechtliche – gesetzliche – Bedenken. Herr B. ist in der Verantwortung. Durch Angst und Gesetz kann Spannung entstehen, die ich ausdrücke, euch spiegle. Ich habe dir schon mal gesagt: Form ist die eine Sache, Geist die andere. Du bist sehr auf meine Form fixiert, beziehst mein Verhalten auf dich, auf deinen Wert.
IRF: Ja, das stimmt, weil ich mir so sehr wünsche, die Form überwinden zu können bzw. die Grenzen, die uns unsere Form auferlegt.

Ani: Ich spüre deinen Wunsch, doch mach langsam. Auch bei anderen Tieren. Akzeptiere erst vollständig ihre Form, ihr Wesen, ihr Naturell. Erwarte keine Liebesbeweise, nur weil du mit ihnen sprichst, weil du die Grenzen überwinden willst. Wer weiß, ob die Tiere das wollen.
IRF: Wie ist das mit dir?
Ani: Ich möchte bzw. muss deine Form besser kennenlernen, möchte mal deinen Geruch wahrnehmen.
IRF: Meinst du, das geht morgen? Wenn eventuell Herr B. dich auf den Arm nimmt und ich mit etwas Abstand da bin, sodass du mich wahrnehmen kannst?
Ani: Sprich mit Herrn B. Er muss es entscheiden, er muss es mittragen, er ist verantwortlich auf der irdischen, auf der Formebene.
IRF: Ok. Wie war es bei den Menschen, bevor du in den Zoo kamst? Herr B. hat mir erzählt, dass ein Menschenpaar dich als Haustier hielt?
Ani: Ich hatte mehr Bewegungsfreiheit. Ich konnte manchmal durch die ganze Wohnung gehen.

Sie zeigte mir ein Bild, ähnlich der Landschaft einer Modelleisenbahn, durch die sie sich wie ein langer Zug schlängelte, und Säulen bzw. Stämme, an denen sie hochklettern konnte.

IRF: Und wie war es dort mit eurer unterschiedlichen Form?
Ani: Wir waren aneinander gewöhnt. Und respektierten uns.
…
Jetzt sei noch ein bisschen traurig! Vertrau darauf, dass das gut ist, ja?

Wie auf Knopfdruck musste ich kurz und sehr heftig weinen. Und ich dachte daran, dass man früher Tränenkrüglein benutzte ... und dass Jessie, die Katze einer Klientin, bei einer Kommunikation mit ihr gesagt hatte, dass sie jetzt eine Trauerkatze sei, weil einer das doch tun müsse. Ani, die meine Gedanken wahrnehmen konnte, sagte:

Ja, Trauern ist ein ganz wichtiger Job. Wenn die Menschen nicht trauern, können sie sich nicht ausgleichen, bleiben in einer Spannung stecken. Wenn du einen Schock nicht verarbeitest, gehst du in die Euphorie, in das „Außer-dir-Sein", in das „Überdreht-Sein". Die Trauer ist mehr als nur ein schmerzhaftes Gefühl. Die Trauer löst diese Spannung und hilft dir, wieder in deine Mitte zu kommen – und dann nach vorne zu gehen in die Freude. Die Freude ist eher ein stilles Gefühl, ein stimmiges, angenehm schwingendes Gefühl, ein Motor für das Weitergehen. Die Trauer bzw. die Traurigkeit verarbeitet die Spannung zwischen Schock – erstarrt oder fast tot – und überdreht – außer sich sein. Beides sind Zustände des „Nicht-in-sich-Seins". Die Trauer holt dich zurück zu dir, in dich hinein. Das tut natürlich erst einmal weh – drum will es selten ein Mensch. Doch wenn du dir erlaubst, dieses Gefühl als einen Teil von dir sein zu lassen, geschieht Heilung, ohne dass du die Themen psychotherapeutisch aufarbeiten musst ...
IRF: Woher weißt du um so etwas wie „psychotherapeutisch" und anderes so Menschliches, menschlich Strukturiertes?
Ani: Ich kann mich von deinem Wissen bedienen, um mich auszudrücken. Hättest du überhaupt kein Wissen, geschähe das intuitiv, rein über Gefühle, Impulse, die nicht vom Verstand zensiert würden. Da der Verstand jedoch da ist und das Wissen, kann und muss ich beides berücksichtigen – meistens jedenfalls. Und vor

allem auch in diesen Gesprächen, denn du willst ja was aufschreiben ... Ich will das ja auch.
IRF: Kann es sein, dass – wenn ich den Es-ist-alles-EINS-Gedanken denke – vieles in meinem Wissen da ist und du öffnest nur die Tür dazu?
Ani: Ja. Im Grunde bräuchtest du mich gar nicht. Doch es ist schön, dass du mich brauchst.

Am nächsten Tag rief ich Herrn B. an und fragte ihn, ob es möglich sei, irgendwie in direkten Kontakt mit Ani zu kommen. Er willigte ohne großes Zögern ein und lud mich ein, am Tag drauf dabei zu sein, wenn er Ani und Cer – so der Name ihres Pythonpartners – herausnähme, während er die Terrarien säuberte. Nach diesem Telefongespräch war ich glücklich und sehr gespannt auf den nächsten Morgen. Als ich Ani davon erzählte, meinte sie:

Ani: Na gut. Es ist allerdings ein bisschen früh ...
IRF: Was meinst du mit früh? Früh am Tag oder früh für unsere Beziehung?
Ani: Früh für unsere Beziehung. Aber gut, wir versuchen es. Bleibe möglichst immer im geistigen Kontakt mit mir, ströme mich, sei im OM.
IRF: Hast du noch einen Rat für unsere Begegnung?
Ani: Sei hell, sei Licht, auch in der Kleidung. So hell wie möglich.

Nach einer Pause konzentrierte ich mich erneut und fragte weiter:

IRF: Möchtest du heute noch ein bestimmtes Thema ansprechen?
Ani: Nein, stell du an mich eine neue Frage!

> *IRF: Ich möchte neben der Traurigkeit auch Freude, Fröhlichkeit empfinden und dir diese Gefühle mitteilen. Möchtest du das auch?*
> *Ani: Klar will ich das, fang doch jetzt gleich damit an!*
> *IRF: Ok, das kann etwas dauern … Bitte melde dich, wenn du etwas spürst.*

Als ich versuchte, ein starkes Gefühl von Freude in mir entstehen zu lassen, und während es mehr und mehr gelang, sah ich mich vor meinem inneren Auge plötzlich vor einem großen hellen Glashaus stehen, in dem Ani und ihr Partner lebten. Sie hatten alles, was sie brauchten und wollten: Weite, Höhe, Baumstämme, Grün, ein Wasserbecken, Sonne, Licht, Luft. Die Scheiben konnten zur Seite geschoben werden, sodass die Sonne, der Wind hinein konnten durch einen stabilen Maschendraht. Ich stand davor und nahm jemanden an meiner linken Seite war: mein Partner, ein Mann, der mir geholfen hatte, dieses Projekt zu realisieren und zu unterstützen. Und ich sah, dass das Buch über die Gespräche mit Ani ein großer Erfolg war und mir finanzielle Sicherheit gab und ich sah ebenfalls die Mittel für dieses großartige Zuhause von Ani und anderen großen Schlangen. Und ich sah, dass ein weiteres Buch im Entstehen war: Gespräche mit meinen und anderen Tieren. Ani und ich waren uns – in dieser Vision – sehr vertraut. Ich empfand große tiefe Freude und auch Dankbarkeit für Ani, da sie mich auf diesen Weg gebracht hatte. Nach einigen Minuten, bevor Alltagsgedanken diese Vision störten, nahm ich noch wahr, wie Ani ihren Kopf über meinen rechten Schenkel schob und schließlich ihr ganzer Körper verschlungen auf meinem Schoß lag.

> *Ani: Stelle dir dieses Bild immer wieder vor!*
> *IRF: Das von dem Glashaus und meinem Partner und dem Bucherfolg?*

Ani: Ja, und zum Abschluss noch, wie ich in deinem Schoß liege.
IRF: Ok.
Ani: Und glaube daran, glaube auch du fest daran! Dahin geht es! Übe diese Vision täglich. Lass dich nicht beirren, auch wenn es manchmal nicht so günstig aussieht. Die Vision kann sich möglicherweise auch noch anders erfüllen. Sei offen für Veränderungen, konzentriere dich jedoch fest auf das Gefühl, das du hast, wenn du am Ziel bist. Auch der Satz „Es ist vollbracht" ist dienlich. Wie gesagt, nutze alles, auch Gleichgesinnte.
IRF: Ani, ich sehe Lichtstrahlen von dir ausgehen, auch auf mich gerichtet, vor allem aus deinem Kopfbereich kommend, aus deinen Augen.
Ani: Ja, lass sie wirken! – Unterscheide zwischen Traurigkeit und Ergriffenheit. Jetzt gerade bist du ergriffen.
IRF: Danke Ani.
Ani: Danke dir.
IRF: Bis morgen also, ich freue mich sehr.

Meinen ersten direkten Kontakt mit einer Schlange hatte ich als Neunjährige in der 3. Volksschulklasse. Eines Morgens kündigte unser Lehrer den Besuch eines Wander-Schulzoos an und gab uns einige Anleitungen. Dann stellte ein fremder Mann erst einen Korb ins Klassenzimmer, ging dann nochmals hinaus und führte einen Löwen mit sich herein! Ich glaube, vor lauter Überraschung konnte ich gar keine Angst haben. Der Mann ließ den Löwen auf den Lehrertisch springen. Dort nahm er Platz. Da ich in der vordersten Reihe saß, konnte ich hören und riechen, dass der Löwe ziemliche Blähungen hatte und sich völlig ungeniert Luft machte. Ich kann mich nicht mehr daran erinnern, was damals gesprochen wurde, doch das Bild dieses pupsenden Löwen hat sich in mir eingebrannt.

Irgendwann öffnete der fremde Mann den Korb und nahm eine Schlange heraus, eine Boa Constrictor, vielleicht zwei Meter lang. Dann kam der Mann mit der Schlange in seinen Händen direkt auf mich zu und fragte mich, ob ich sie einmal berühren wolle. Vorsichtig streckte ich eine Hand aus und berührte dieses fremdartige Wesen mit meinen Fingerspitzen. Die Empfindung überraschte mich. Wie trocken sich ihre Haut anfühlte, gar nicht glitschig und nass, wie ich es früher einmal von meiner Mutter gehört hatte. Meine Banknachbarin berührte die Schlange auch, doch sie zog ihre Hand schnell zurück und rief so was wie „Igitt!". Ich glaube, ich habe nichts gesagt. Die Situation kam mir so unwirklich vor. Dieses Schweigen muss der Mann als Einverständnis genommen haben, denn er legte jetzt die Schlange über meine Schultern und um meinen Hals. Auch dieses Gefühl hat sich in mir eingebrannt.

Den zweiten Kontakt mit einer Schlange hatte ich als Erwachsene während einer Trance-Therapie und zu einer Zeit, als ich nach Möglichkeiten suchte, alte Traumata aufzuspüren und zu heilen. Dieses Mal handelte es sich allerdings um eine geistige Begegnung. Mein Therapeut führte mich durch eine Meditation, um das Wesen zu finden, das mir bei den künftigen Sitzungen helfen sollte. Ich war sicher, eine Katze oder eine Großkatze würde sich mir zeigen, falls es sich um ein Tier handelte, was der Therapeut als Möglichkeit benannte. Nichts davon. Es zeigte sich eine Schlange, eine Kobra, zusammengerollt. Als sie mich entdeckte, fuhr sie aggressiv hoch und zischte. Ich war erst erschrocken und dann enttäuscht. Doch ich nahm sie mit der Zeit als meinen inneren Führer an.

Nach der ersten geistigen Begegnung mit diesem Schlangenführer setzte ich mich mit meinen Vorurteilen und Ängsten gegenüber dieser Tierart auseinander. Wobei ich mich nicht erinnern konnte, einen richtigen Anlass gehabt zu haben, der die Angst ausgelöst haben könnte. Ich erfuhr genau zu dieser Zeit, dass mein chinesisches Sternzeichen die Schlange war. Und ich entdeckte ein Buch mit dem Titel „Ich, die Schlangenfrau". In der Geschichte gab es ein Schlüsselerlebnis für mich, in der die Autorin davon erzählte, wie sie eines Nachts aufwachte, weil sie etwas auf ihren Beinen liegen spürte. Sie dachte kurz: Ach wie schön, meine Katze. Doch dann wurde ihr schlagartig klar, dass sie ja gar keine Katze mehr hatte und dass es nur eine Möglichkeit gab: Eine Giftschlange mit intaktem Giftzahn, die sie in einem Terrarium in ihrem Haus hielt, musste sich irgendwie daraus befreit haben. Und sie wusste, dass sie jetzt auf keinen Fall panisch reagieren, ja sich nicht einmal bewegen durfte! Und irgendwie schaffte sie es dann auch, die Schlange wieder in ihr Terrarium zu bringen, ohne gebissen zu werden. Mich hatte bei dieser Schilderung unglaublich tief berührt, dass die Schlange die Nähe des Menschen gesucht hatte, also auch Empfindungen und Bedürfnisse wie Nähe, Zärtlichkeit, Sympathie haben konnte. Das wodurch auch immer aufgebaute Feindbild konnte sich in mir auflösen. Viele Jahre später – bei einem schamanischen Trance-Seminar – zeigte sich mir wieder eine Kobra, dieses Mal als eines meiner wichtigsten Krafttiere.

Am nächsten Morgen zog ich das Hellste an, was meine Urlaubsgarderobe zu bieten hatte: eine sandfarbene Hose und ein weißes Sweatshirt. Die Farbkombination war nicht wirklich attraktiv, doch ich wollte mich an Anis Anleitung halten. Über mein Erleben bei unserer direkten Begegnung sprach ich anschließend mit Ani, nachdem ich wieder an meinem Ferienort war:

> **IRF:** *Liebe Ani, das war ein sehr bedeutendes Erlebnis für mich, heute bei dir im Zoo. Leider war ich mal wieder sehr abgelenkt – Herr B. hat immer viel zu erzählen, und ich finde es auch toll, dass er so offen ist und viele interessante Dinge weiß – doch mich lenkt es stets von dir ab. Wir hatten doch nur wenig Zeit.*

Du bliebst die ganze Zeit im Wasserbecken, hast mir gesagt, du seiest unsicher. Du hast mir ja auch schon gestern gesagt, dass wir das mit dem körperlichen Kontakt nicht überstürzen sollen. Ich war auch unsicher, zum großen Teil durch das, was Herr B. erzählte: Dass Schlangen wie du – also Würgeschlangen – auch zubeißen können, dass man dann ins Krankenhaus müsse und meistens auch die Schlange geköpft würde, weil sie sonst nicht loslasse … Das hat mich natürlich beeindruckt und mir auch Angst gemacht; Angst um uns beide. So habe ich dich nur zaghaft berührt – bis auf die Pose am Schluss für das Foto. Zwischendurch wurde ich auch ungeduldig, weil du kaum auf mich reagiert hast. Und ich konnte den intuitiven Kontakt auch nicht halten, auch nicht das Strömen – dazu war ich zu sehr abgelenkt. Mich hat auch interessiert, was Cer so anstellte. Auch bekümmerte mich der Zustand der alten Schlange Li neben dir, die Häutungsprobleme hat, was ja ein Hinweis auf eine Störung bei ihr ist, sagt Herr B. Er hat sie erst seit 2 Monaten und ich habe ihm empfohlen, ihr Bachblüten zu geben: Walnut für den Umzug, Honeysuckle für das Ankommen in der Gegenwart und Crab Apple für ihre Haut. Ob er ihr die Blüten wohl gibt? Er ist doch Heilpraktiker und müsste sich ein bisschen mehr kümmern um die Tiere.
Liebe Ani, was sagst du zu unserer Begegnung? Und: Irritiert dich auch die Tatsache, dass wir beinahe „sprachlos" sind, wenn wir uns physisch gegenüberstehen, wo wir geistig doch so schön kommunizieren können?
Ani: *Ja, das irritiert mich auch. Es hat ja noch niemand so mit mir gesprochen wie du – und dazu noch den physischen Kontakt gesucht.*
IRF: *Vielleicht klappt es beim nächsten Besuch schon besser. Das wünsche ich mir – für uns beide! – Tschüss, du Geliebte.*

Es vergingen einige Monate. Meinen Plan, täglich mit Ani in Kontakt zu gehen, konnte ich nicht einhalten. Doch jedes Gespräch war wertvoll. Immer wieder pflegte ich auch die Vision, die Ani mir eingegeben hatte. Bei einem späteren Kontakt mit Ani spürte ich viel Unruhe bei ihr und in ihrem Umfeld. Sie sagte:

Hier tut sich viel. Es ist immer noch sehr eng.

Daraufhin versuchte ich viele Male, Herrn B. telefonisch zu erreichen. Da ich auch die Rufnummer seiner Praxis hatte, hinterließ ich mehrfach die Bitte um Rückruf auf seinen Anrufbeantwortern. Eines Tages rief mich seine Frau an und teilte mir mit, dass Herr B. den Zoo geschlossen hatte. Er betrachtete diesen Schritt als persönliches Versagen und schämte sich nun vermutlich dafür. Er hat bis heute nie zurückgerufen. Mittlerweile finde ich überhaupt keine Telefonnummer mehr unter seinem Namen. Seine Praxis existiert anscheinend nicht mehr.

Nach einigen Recherchen erfuhr ich, dass einige Tiere zuerst in eine Auffangstation für Reptilien in München gebracht worden waren, und dass Ani bereits weitervermittelt oder verkauft worden war. Der Name des neuen Besitzers durfte mir nicht genannt werden, also hinterließ ich meine Telefonnummer, die an ihn weitergegeben werden sollte. Ich wartete lange auf einen Rückruf, vergeblich. Dann fasste ich all meinen Mut zusammen und suchte den telepathischen Kontakt mit meiner geliebten Schlangenschönheit.

Ani: Es ist ungeheuerlich, was mit uns gemacht wird. Es war eine angstvolle Zeit. Wenn ich gefangen war in der Not und dem Erleben meines Körpers und meiner Sinne, und ich nicht wusste, was gerade passierte, ging es mir schlecht. Ich hätte jemanden gebraucht, der mich geistig anspricht.

IRF: Es tut mir sehr leid…
Ani: Ja, ja, das nützt jetzt auch nicht mehr.
IRF: Wie ist es jetzt für dich?
Ani: Oben ist es hell. Ob das die Sonne ist? Der Mann hat Freude daran, zuzuschauen, wenn ich größere Tiere verschlinge. Ich spüre viel aggressive Energie. Es ist mir zu warm, ich brauche Schatten. Es ist etwas blockiert, anders, mein Leib ist aufgedunsen. Ich bin benebelt.
IRF: Ist das öfters so?
Ani: Nein … Ich kann dir jetzt nichts mehr sagen …

Nach diesem Gespräch war ich mutlos, ratlos. Ich schrieb noch mehrere Briefe an den/die neuen Besitzer von Ani, die die Münchner Auffangstation auch immer weitergeleitet hatte. Doch es kam nie eine Antwort.

Als ich mit diesem Buch fast fertig war und überlegte, ob ich die Geschichte über Ani wirklich darin aufnehmen sollte, wagte ich es noch einmal, in telepathischen Kontakt mit Ani zu gehen. Dieser Schritt war wichtig für mich persönlich und wichtig für den Abschluss des Buches. Und vor allem wichtig für Ani, die mir noch eine bedeutsame Botschaft an die Menschen mitgeben konnte. Es ist für mich schwer auszuhalten, dass ich Anis Wunsch nicht schon früher erfüllen oder ihr auf anderen Wegen helfen konnte. Nun werde ich alle Hebel in Bewegung setzen, damit dieses Buch so bald wie möglich veröffentlicht wird und Anis Botschaften gehört bzw. gelesen werden können.

IRF: Ani, wenn du mich hören kannst, dann höre bitte. Ich bin erst jetzt soweit mit dem Buch. Es gibt viele Gründe dafür. Ich glaube, ich muss es dir nicht erklären. Magst du mir sagen, ob du noch in dem Körper bist, in dem ich dich kennengelernt hatte?

Ani: Ich bin immer noch in diesem Körper, ja. Fühl mich müde und träge.
IRF: Bist du da, wo ich zuletzt Kontakt mit dir hatte, als es dir nicht so gut ging?
Ani: Nein, es gab Wechsel, weil ich mich weigere, Nachwuchs zu „produzieren". Ich fand die Wechsel gut. So passiert doch etwas in meinem Leben.
IRF: Wie ist es jetzt für dich?
Ani: Langweilig. Doch die Leute hier schauen mir nicht beim Essen zu. Das ist gut.
IRF: Hättest du gerne Nachwuchs?
Ani: Nicht bei diesen Bedingungen.
IRF: Ich hoffe ganz fest, dass mein Buch – es sind auch Geschichten über andere Tiere darin – dieses Jahr erscheinen wird. Wirst du das spüren können? Oder soll ich dir Bescheid sagen, wenn es soweit ist?
Ani: Sag mir Bescheid. Ich bin sehr zurückgezogen oder besser sehr oft innerlich weggezogen, um das Leben erträglich zu finden.
IRF: Hast du denn genügend Platz?
Ani: 2–3 qm ... wie üblich, doch ich kann manchmal raus.
IRF: Lebst du allein?
Ani: Nein, es ist noch ein Gefährte da, mit dem ich mich paaren soll. Doch er hat auch keine Lust drauf.
IRF: Wie soll ich die Geschichte von dir in meinem Buch abschließen?
Ani: Ihr Menschen, die ihr meine Worte lesen werdet, stellt euch alle Käfige dieser Welt, alle Terrarien dieser Welt, l e e r vor. Stellt euch vor, wie die Wesen, die einst in den engen Behausungen lebten, sich in Freiheit bewegen und geschützt sind. Stellt euch dies immer wieder vor. Und seid euch bewusst, dass es keinen einzigen guten

Grund dafür gibt, Tiere in Käfigen zu halten. Die Menschen können das Überleben von Arten nicht sichern, wenn eine Art – oder die Schöpfung – dies nicht von sich aus will. Es ist ein falsch verstandener Tierschutz ... sicher häufig „gut gemeint" ... doch nicht im Sinne von uns Tieren. Es ist Menschenwerk, der Versuch des Menschen, Schöpfung zu kontrollieren, Fehler und Versagen zu korrigieren. Doch das ist nicht der Weg! Beherrschen ist nicht der Weg! Beherrschen erzeugt Opfer. Ihr stellt die Opfer in Käfigen aus zum Angaffen. Das ist ein Armutszeugnis für die Menschen. Es mag Individuen geben unter uns Tieren, die ein Leben in von Menschen gemachten Grenzen und mit wenig Risiko gutheißen können. Das mag so sein, wenn ihre Lebensräume größer als Käfige sind. Doch Käfige sind keine guten Lebensräume für die Tiere darin.

Wenn ihr dies versteht und tief im Innern fühlen könnt, dann kann ich mich dankbar und ganz zurückziehen. Das ist es, worauf ich schon lange warte!

Teil II

„Die Sache der Tiere steht höher für mich als die Sorge, mich lächerlich zu machen"

Émile Zola

Heilsame Klänge für Tiere

Lucina und der Klang der Schalen

Wenn in meiner Praxis als Tierkommunikatorin ähnliche oder gar gleiche Themen in telepathischen Tiergesprächen vorkommen, und dies kurz hintereinander, werde ich sehr aufmerksam und hellhörig. Im frühen Herbst 2009 gab es eine solch auffällige Serie. Menschen, die sich nicht kannten und in relativ weit voneinander entfernten Orten lebten, beauftragten mich, ihre Tiere – und zwar Hunde – zu befragen. Alle drei Hunde teilten mir u. a. mit, dass sie sich ein bestimmtes Tönen oder überhaupt sanfte Klänge von ihren Menschen wünschten.

Samy, ein Schnauzermischling, war knapp 14 Jahre alt und fast taub, als ich ihn fragen sollte, wie er mit seiner Schwerhörigkeit zurechtkam. Auch wollte seine Menschengefährtin – dieses Wort benutze ich lieber als Tierhalterin – Samys Seelennamen wissen. Er antwortete gerne und sogar ausführlicher als erwartet, indem er das Thema Hören bei seiner Menschengefährtin ansprach.

> **Samy:** *Amun, Sohn der Götter, ist mein Seelenname. Das „Am" habt ihr ja aufgenommen bei eurer Namenswahl für mich vor vielen Jahren. Das war sehr gut und stimmig. Das „u" wird nun helfen, dass die Götter ihren Sohn zur rechten Zeit gnädig zurückholen …*
>
> *Tja, Hören ist so ein Thema. Für mich ist es eine natürliche Entwicklung, mich langsam zurückzuziehen, nach innen zu lauschen und auf die zu hören, die mich auf der anderen Seite erwarten.*
> *… die Schwingung von „Amun" werde ich wahrnehmen, wenn du den Namen singend sprichst. Lasse das M auf deinen Lippen vibrieren und mach das nahe an meinem Ohr.*
> *… und achte auf das, was du hören magst im Außen, auch darauf, was du „nicht mehr hören kannst" – und überlege oder frage innerlich ab, wie du künftig besser damit umgehen kannst, wenn das nicht gern Gehörte nicht verstummen mag.*
>
> *Töne, lass dein Ohr mit angenehmen Tönen verwöhnen, auch mit eigenen Tönen, mit Summen oder Singen. Beziehe mich ein dabei, berühre mich, wenn du tönst.*

Kurze Zeit später hatte ich einen telepathischen Kontakt mit der 13 Jahre alten Berner Senner-Mischlingshündin Asta. Sie hatte schon mehrere Krebsoperationen hinter sich sowie eine Chemotherapie. Die Ärzte rieten zu einer weiteren OP und einer zweiten Chemo. Doch Asta war therapiemüde, wollte diesen Stress nicht mehr. Sie war einverstanden mit ihrem Schicksal und fühlte Frieden und Ruhe in sich, ganz im Gegensatz zu der sehr aufgeregten und besorgten Menschengefährtin, die nichts unversucht lassen wollte, um ihrer Hündin zu helfen, und die darüber hinaus nach einem ruhigeren Platz zum Wohnen suchte. So äußerte Asta unter vielem anderen auch diese Bitte:

> *Asta: Verbinde dich mit der Ruhe in mir. Das tut auch deiner Sehnsucht nach einem ruhigen Ort gut. Nähre die Ruhe in dir, damit du diesen Ort finden kannst. Verbinde dich auch mit deiner Lautstärke, die gut sein kann neben der Ruhe. Setze dich zu mir, in liebevoller Mütterlichkeit, ohne Aktionen, ganz im Gefühl. Lass uns beide mütterlich sein und lass und beide Kind sein – verspielt, fröhlich, unbeschwert. Lass uns beide beides sein, beides fühlen mithilfe der schönsten inneren Bilder, die du zaubern kannst. Lass sanfte Klänge uns begleiten dabei.*

Außerdem lernte ich auch den Rüden Congo kennen, der an einer Harnröhrenentzündung erkrankt war und mitteilte, dass er es liebte, wenn seine Menschengefährtin ihre Klangschalen zum Klingen brachte … und diese harmonischen Klänge gerne häufiger genießen wollen würde.

Ich fragte mich also – nach diesen mehrfachen Hinweisen auf die Arbeit mit Klängen – welche tiefere Bedeutung das, über den Sinn der tierlichen Mitteilungen für die Menschengefährtinnen hinaus, für mich wohl haben konnte?

Bald darauf fiel mir im wahrsten Sinne des Wortes ein Buch von Tom Kenyon in die Hände: „Die Weisheit der Hathoren" (siehe Anhang). Ich schlug es intuitiv an einer Stelle auf und las zu meinem großen Erstaunen etwas über die Wirkung von Tönen und Klang:

> *„Die zweite Ebene (…) betrifft den Klang als Mittel, bestimmte Bewusstseinszustände zu aktivieren oder Zugang zu ihnen zu erlangen. Aus energetischer Sicht verfügt jeder Bewusstseinszustand über seine eigene energetische Handschrift, darunter Klanghandschriften innerhalb der einzelnen feinstofflichen Körper und ihre Beziehungen untereinander (…) Die dritte Weise, wie Klang ein wertvoller Bewusstseinsschlüssel sein kann, hängt mit dem Vermögen von Tönen oder Schwingungen zusammen, sich auf körperliche Vorgänge auszuwirken, insbesondere auf physische Prozesse innerhalb des Körpers, die der Heilung dienen. (…) Klangschwingungen können tatsächlich die Resonanzfelder innerhalb interzellularer Prozesse bis zur genetischen Ebene hinab beeinflussen, sogar bis in die atomare und subatomare Ebene hinein. Der Schlüssel ist der rechte Einsatz von Intention, Bewusstsein und Klang (…)"*

Auf welchen Weg wurde ich da wohl gelenkt? Es wurde immer spannender für mich! Kurze Zeit später gab ich in Kirchzarten im Schwarzwald ein Tierkommunikationsseminar. Am Abend des letzten Seminartages sollte in dem Raum noch eine andere Veranstaltung stattfinden: ein Klangschalenkonzert! Und während ich den Raum von meinen Seminarutensilien freiräumte, begegnete ich dem Klangschalenmusiker Lucien Majrich, der währenddessen seine vielen Klangschalen für sein Konzert in den Raum hineintrug. Was ich nicht wusste: Seine damalige Freundin war eine der Teilnehmerinnen meines Tierkommunikationskurses. So war Lucien Majrich schon über mein Tun und Wirken informiert gewesen, sprach mich drauf an und stellte sich mir vor. Während unsere Helfer weiter ein- und ausräumten, gönnten wir uns eine kurze Pause für ein Gespräch zum weiteren Kennenlernen. Und es war schon nach wenigen Minuten klar, dass das Thema Klänge und Tiere uns beide verband. Wir tauschten unsere Visitenkarten aus und nahmen uns vor, demnächst miteinander zu telefonieren.

Wenige Wochen später trafen wir uns zu einem ersten Arbeitstreffen im Yogaraum eines Freiburger Instituts. Zu diesem Treffen nahm ich meine Hündin Lucina mit. Meine Katze Purzel, die nicht gerne Auto fuhr, ließ ich zu Hause. Und Lucien wurde von seiner Freundin begleitet, die ich bereits aus dem Seminar kannte. In der einen Hälfte des schönen, großen, fast leeren Raumes arrangierte Lucien Majrich gut zwei Dutzend Klangschalen halbmondförmig vor seinem Sitzplatz – einem Meditationskissen – und achtete darauf, dass er alle Klangschalen im Sitzen mühelos erreichen konnte. Manche Schalen stellte er auf eine leere Blechdose, die wie ein Verstärker wirkte. Dann legte er verschiedene Schlegel und Klöppel zurecht, mit denen er die Klangschalen spielen, also anschlagen oder streichen und zum Klingen bringen wollte.

Jede von Luciens Klangschalen – er besitzt um die 400 Klangschalen und bringt jedes Jahr aus seinem Indienurlaub neue Klangschalen mit – trägt eine Bezeichnung. Lucien bediente sich bei der Namensgebung des griechischen Alphabets in Kombination mit einer Zahl, sodass es mehrere Alpha-, Gamma-, Beta-, Delta-Schalen usw. gab. Die Frequenz jeder Klangschale hatte er vorher bereits gemessen und die Angaben auf einem kleinen Aufkleber in jeder Schale notiert. All dies war wichtig für eine nachvollziehbare Dokumentation unserer Forschungsarbeit.

Für Lucina hatte ich eine weiche Unterlage mitgebracht und bot ihr einen Platz auf der anderen Seite des Raumes an – gegenüber den Klangschalen und Lucien. Ich setzte mich so zwischen die beiden – ebenfalls auf ein Meditationskissen – dass wir ein

Dreieck bildeten. Dann legte ich Schreibzeug zurecht. Luciens Freundin suchte sich als Beobachterin außerhalb dieses Dreiecks einen Platz.

In ein paar Minuten in Stille und Zentrierung bereitete ich mich auf den inneren Kontakt mit Lucina vor. Danach begannen wir mit der Arbeit.
Lucien schlug sanft eine Klangschale nach der anderen an oder strich sie so lange am oberen Außenrand, bis sie in Schwingung kam und ebenfalls zu tönen begann. Dies machte er mit jeder Schale so lange, bis ich eine Antwort von Lucina erhalten hatte. Ich fragte sie bei jedem Klang, wie er auf sie wirkte, was sie damit verband oder ob sie sonst etwas dazu sagen wollte. So verklangen ein paar Schalen, ohne dass Lucina einen wesentlichen Kommentar abgegeben hatte. Doch dann – bei der Schale Alpha 11 – zeigte sie eine innere wie auch äußere Erregung. Sie hob ihren Kopf, spitzte ihre Ohren und schaute in die Runde, als ob sie etwas suchte.

IRF: Was ist mit diesem Ton, Lucina? Was fühlst du, was nimmst du wahr?
Lucina: Es ist ein bisschen wie im Mutterleib ... mit vielen Geschwistern ... da tönt auch jedes Herz anders, und das sehr harmonisch, weil die Mama den Hauptton vorgibt.
Es gibt für/bei jedem den „Mutterton" und der Ton des Kindes gebiert aus dem Mutterton. Es ist eine doppelte Geburt.
Das ist ein wesentlicher Aspekt beim Geborenwerden, beim Sichlösen aus der umfangenden Mutter.
IRF: Hast du eine Idee, wann diese Töne besonders helfen?
Lucina: Bei Heimweh, bei Verlustängsten, bei Ängsten überhaupt ... Es gibt auch Töne für Wundheilung ... das müsst ihr rausfinden.

Der Mutterton war gefunden! In einer der nachfolgenden Arbeitssitzungen zeigte sie mir innerlich das Bild eines Baums mit einigen starken Ästen, wozu sie dann sagte:

> *Lucina: Der Mutterton ist der Baumstamm. Die Äste werden aus dem Stamm geboren, so wie die Kinder aus der Mutter. Jeder Ast, jedes Kind, hat wieder einen anderen Ton. Findet für jeden Ast, jedes Kind, einen Ton, sodass sie um den Mutterton herum ertönen. Probiert es aus, es können ganz kurze helle Früchte – Töne – sein.*

Lucien Majrich setzte diese Anregung um und spielte mehrere Klangschalen in höheren Tönen als den Mutterton. Einige fanden Lucinas Zustimmung, andere nicht. Lucina bewegte dabei auffällig ihre Ohren und bestätigte auf telepathischem Weg:

> *Lucina: Ja, die hellen leichten Glockentöne sind in etwa so, wie ich es mir vorstelle. Danke.*

Bei dieser Mutterton-Komposition hatten uns Lucina und später die anderen tierlichen Mitarbeiter recht viel Spielraum gelassen für das Spektrum der ergänzenden Töne. Das sollte zwei Jahre später bei der Komposition für die 2. CD ganz anders werden …

Bei der nächsten Arbeitssitzung im Februar 2010 begann Lucien mit dem Spielen der Muttertonklangschale, um diesen Klang auch den anderen nun anwesenden Tieren vorzustellen. Dies war in der ersten Stunde Purzel – meine Katze. Dann kamen auch Fox und Shiva dazu – Rüde und Hündin einer Freundin. Lucina war selbstverständlich auch wieder dabei. Purzel zeigte sehr deutlich in ihrem Verhalten, dass sie Lucien Majrich und Thomas D., einen Bekannten von ihm, bereits erwartet hatte. Sie äußerte sich hocherfreut über die Gelegenheit, mitarbeiten zu dürfen. Auf den Mutterton reagierte sie mit den Worten:

Ja, Mutterton, sehr gut, einhüllend, pflegend.

Lucien Majrich spielte dann zur Auswahl weitere Klangschalen, die Purzel manchmal sehr aktivierend fand – z. B. ein E – oder aber beruhigend. Manche mochte sie gar nicht, oder die Schalen kamen gar nicht erst recht zum Klingen. Beim Spiel der Klangschalen Gamma 8, 33 und 35 kommentierte *Purzel:*

Das ist besser, wenngleich Kühles verstärkend.

IRF: Bei Entzündungen? Fieber?
Purzel: Glaub schon, auch beim Sterben, bei der anderen Geburt …

Da Lucina auf die Gamma 8 sehr aufgeregt reagiert hatte, fragte ich sie nach dem Grund.

Lucina: Es war der Ruf aus der Anderswelt …
IRF: Und jetzt?
Lucina: Jetzt weiß ich, dass es nicht echt, sondern von euch gemacht ist. Das ist speziell, und speziell einzusetzen.

Lucina hatte diverse Stressabbauzeichen gezeigt. Nach dem Anklingen der großen Schale Alpha 11 hörte sie sofort damit auf! Sie sagte:

Das ist zum Weinen schön!

Nach einer längeren Pause begann Lucien wieder mit dem Spiel der Schale Alpha 11 und ergänzte dann um weitere Schalen. Mittlerweile waren Fox und Shiva, die Hunde meiner Nachbarin, hinzugekommen. Lucina schaute sich suchend im Raum um. Ich fragte sie nach dem Grund. Und sie antwortete:

Es ist wieder, als wäre Mutter in der Nähe.

Also durften alle ein paar Minuten im „Mutterton" baden.

Kurz vor Abschluss dieses Buches schickte mir eine junge Freundin einen Text, dessen Quelle oder Verfasser mir leider nicht bekannt ist. Es scheint sich um eine Art Märchen oder Legende zu handeln, und der Inhalt passt unglaublich gut zu dem, was Lucina über den Mutterton mitteilte:

Der Text trägt die Überschrift: „Jeder Mensch besitzt sein eigenes Lied". Es wird darin von einem afrikanischen Stamm erzählt, in dem jeder Mensch sein eigenes Lied besitzt – ein Lied, das in diesem Menschen klingt und das Ausdruck seiner Seele, seines Lebens und seiner ganz eigenen Bestimmung ist. Und dieses Lied ist für jeden Menschen einzigartig, es klingt nur für ihn.

Wenn eine Frau schwanger wird – so erzählt diese Geschichte – geht sie mit den weisen Frauen des Stammes in die Einsamkeit der Natur, wo sie beten, meditieren und singen. Und aus dieser Zeremonie entsteht das Lied für das wachsende Kind im Bauch der Mutter. Sie tragen das Lied in ihr Dorf und lehren es die anderen, sodass jeder das Lied des neuen Menschen kennt und singen kann, denn das tun sie dann zu vielen Gelegenheiten im Leben dieses Menschen: Zu seiner Geburt, zur Initiation, zur Hochzeit – und wenn dieser Mensch schließlich wieder diese Welt verlässt und stirbt. Zu all diesen Ereignissen versammeln sich die Bewohner des Dorfes und singen dieses Lied.

Und es gibt eine weitere Gelegenheit, zu der das Lied eines Menschen von der Gemeinschaft gesungen wird: wann immer es eine besondere Verfehlung gab, die Ausdruck dafür ist, dass diese Person sich vom Einklang mit ihrem Lied entfernt hat. Das Singen des Liedes erlaubt es ihr, sich zurückzubesinnen und das Lied wieder fröhlicher, kräftiger und harmonischer in sich schwingen zu lassen. Es gibt keine Bestrafung. Niemand wird verurteilt, nur die liebevolle und mitfühlende Erinnerung an die Harmonie mit dem eigenen Lied und der ganz persönlichen Bestimmung. Denn sie wissen, dass ein Mensch, der im Einklang mit seinem Lied ist, auch im Einklang mit allem ist und sein Einssein mit allem auf tiefe Weise verstehen kann.

Bei der nächsten Sitzung bot Lucien Majrich den anwesenden Tieren wieder ein paar andere Klangschalen an. Fox reagierte stark auf die Schale Y 22 – ein A. Als ich ihn dazu befragte, sagte er:

Das ist wie Liebe, geborgen und zärtlich, es regt an, Rudel miteinander zu pflegen.

Wir sind dann konkret auf diesen Ton eingegangen und haben die anwesenden Tiere beobachtet. Shiva war bisher recht uninteressiert, zeigt jedoch Interesse bei Alpha 16, Gamma 11 und 12. Sie vermittelte mir ihre tiefen Gefühle, auch Traurigkeit, doch es war ihr wohl dabei. Lucina tröstete sie, indem sie sie abschleckte. Bei diesen Klängen zeigte sich auch ein Phänomen: Alpha 16 kam jetzt voll zum Klingen, das war zu Beginn mit Purzel nicht möglich! Shiva gab mir zu verstehen, dass sie diesen Ton liebte und auch die leichteren höheren Gammaschalen mochte.

IRF: Fox, wie geht es dir mit diesen Tönen?
Fox: Och, sauwohl auch!

Bei diesen Klängen geht es auch um das Thema „Sicherheit". Purzel kommt mehr zu sich, in ihren Bauch, in ihre Mitte. Es sind auch Sicherheitsklänge für Lucina. Shiva ist wacher geworden, sie schien vorher verschlossen und abgewandt. Sie zeigte sich sogar interessiert an Thomas – was für sie eher ungewöhnlich ist, denn männliche Menschen lösen bei ihr Stress und Fluchtinstinkte aus. Auch Fox wandte sich nun Thomas zu. Alle Tiere konnten gut entspannen und zeigten dies auch deutlich in ihrer Körperhaltung. Die begleitenden Töne zur „Rudelton-Komposition" waren gefunden!

Nach und nach teilten uns Lucina, Purzel, Fox und Shiva und später auch Tiere von Klienten, Freunden und Bekannten weitere Aspekte dieser beiden Klangkompositionen mit. Die Erfahrungen, die wir dabei machen durften, waren wunderschön und ergreifend. Und sie zeigten uns, dass diese Klänge nicht nur eine Wirkung auf die vier Tiere hatten, die bei dieser Komposition mitwirkten, sondern tatsächlich eine allgemeine Gültigkeit bzw. Wirkung auf Tiere aller Arten und auch auf Menschen haben.

Die Kompositionen

Auf der ersten CD mit dem Titel: „Heilsame Klänge für Tiere" (siehe Anhang) sind diese beiden Klangkompositionen zu hören:

Rudelton-Komposition
Diese Klänge harmonisieren das Miteinander von Tieren. Das heißt, dass Tiere, die bisher eher zänkisch oder eher einzelgängerisch waren, ihre Blockaden auflösen und sich liebevoll den anderen Tieren im Rudel oder in einer Familie zuwenden können. Sie legen sich beispielsweise einander zugewandt hin, suchen Körperkontakt und putzen sich gegenseitig.

Mutterton-Komposition
Die Muttertonklänge haben ebenfalls eine sehr entspannende Wirkung. Sie helfen bei Heimweh, Verlustängsten, bei Ängsten überhaupt, vermitteln ein Gefühl von Geborgenheit und Sicherheit.

Bei beiden Kompositionen tritt nach wenigen Minuten Entspannung ein, die jedes Tier individuell und in verschiedenen Körperhaltungen oder Bewegungen ausdrückt. Zusammenfassend kann gesagt werden, dass beide Kompositionen, von Lucien Majrich sehr einfühlsam und auf seine ganz besondere und individuelle Weise gespielt, Geborgenheit vermitteln, entspannend, friedlich stimmend, beruhigend, angstlösend, besänftigend und ausgleichend wirken – auf Tiere und ihre Menschen!

Diese Klänge können täglich zur Entspannung eingesetzt werden, oder auch als tägliches Ritual zur Vorbeugung bei Stress und zur Harmonisierung nach Belastungen, zur Unterstützung und Begleitung von kranken Tieren, zur Beruhigung und Besänftigung beim Autofahren, zur Entspannung und zur Angstreduktion in Wartezimmern und Praxen von Tierärzten und Tierheilpraktikern sowie in Tierkliniken, Ställen, Tierheimen usw.

Ich empfehle, es Ihren Tieren freizustellen, wie sie darauf reagieren und sich verhalten wollen. Die meisten Tiere genießen diese Klänge. Manche bevorzugen, sich in unmittelbarer Nähe der Klangquelle aufzuhalten, andere wählen lieber einen Abstand und profitieren dennoch von den feinen Schwingungen dieser Klänge, die sich im Raum entfalten. Viele Tiere haben ein sehr viel feineres Gehör als wir Menschen und können zum Beispiel auch sehr hohe Obertöne – für das menschliche Ohr nicht wahrnehmbar – hören und reagieren individuell darauf. Manche Tiere werden auch erst auf ihrer instinkthaften Ebene angesprochen und schauen suchend um sich – vor allem beim Mutterton – als würden sie die Mutter erwarten … oder sie rennen weg, als wollten sie damit nichts zu tun haben.

Die Rückmeldungen von Tierhaltern, die diese Klänge einsetzten, sind durchweg positiv, zum Teil sehr berührend und höchst erstaunlich. Hier einige wesentliche Feedbacks:

> *Tiere lauschen aufmerksam, hören richtiggehend zu, spitzen die Ohren. Tiere, die sich bisher aggressiv begegneten, wurden gelassener und freundlicher im Umgang miteinander.*
>
> *Völlig aufgedrehte und gestresste Tiere konnten endlich loslassen, ruhig werden und entspannen.*
>
> *Es gab tief berührende, sogar ganz innige Momente bei der gemeinsamen Entspannung von Tier und Mensch.*
>
> *Das Kurioseste bisher: Ein Ochsenfrosch in einem Gartenteich stellte sein sommernächtliches lautstarkes Konzert ein – das bisher leider die menschlichen Hausbewohner am Einschlafen hinderte – und lauschte lieber selbst, sobald die Klänge ertönten – gespielt auf einem kleinen tragbaren CD-Player im Gartenhaus.*

Es folgen einige Auszüge aus Rückmeldungen und Bewertungen in einem Internetbuchshop:

> *… Der zweite Track (Rudelton) hat bei unseren Bart-Agamen, die sich ab und an nicht so gern haben, auch durchaus beruhigend gewirkt.*

> *… Wir haben zu Hause eine Katze und hatten für eine gewisse Zeit noch eine fremde Katze aufgenommen. Nachdem unsere Katze dieses fremde Tier erst nur angefaucht und angegriffen hatte, kam mir ganz plötzlich die CD in den Sinn. Ich spielte*

sie immer wieder und nach einiger Zeit, die sehr aufregend und angespannt für uns alle war, lagen die beiden tatsächlich schlummernd nebeneinander. Das entspannte die Tiere und uns!!!

… Welcher Hundebesitzer kennt das nicht – der Junghund ist sehr aktiv, und jede Ablenkung wird für einen kleinen „Aufruhr" genutzt. Manchmal ist es schwer, dafür zu sorgen, dass das Tier seine doch so nötige Ruhe findet. Mit dieser CD war das vom ersten Tag an kein Problem mehr. Bei unserem jungen Hund war der Mutterton so wirksam, dass ich nur noch gestaunt habe … er wirkte wie ein Schlaflied. Aber auch alle anderen Tiere lieben die Klänge und suchen sich ein Plätzchen zum Lauschen. Danke für dieses Projekt und die Unterstützung der „komponierenden" Tiere.

Danke. Endlich gibt es diese wunderbare CD! Ich bin restlos begeistert und freue mich vor allem, dass es jemand gewagt hat, so ein Thema anzupacken und so eine wundervolle CD zu machen. Gratuliere!! … Macht auf alle Fälle weiter damit!!

Diese CD kann einen Raum in eine ganz besondere Atmosphäre verwandeln: Mehrfach konnte ich dabei erleben, wie mehrere Tiere, Hunde wie Katzen, auf einmal ihr Verhalten veränderten, zum Rudel wurden oder eben relaxt dem Mutterton lauschten. Wer einen Sinn für magische Momente hat, sollte sich von der Wirkung dieser CD auf sein Tier und sich selbst verzaubern lassen! Am besten mit mehreren Tieren in einem Zimmer, dann ist die Wirkung noch besser zu sehen und zu erleben. Wie schön, dass bald eine weitere CD auf den Markt kommen wird!

Im Februar 2012 meldete sich der Rüde Fox wieder zu Wort. Er war mittlerweile 10 Jahre alt und sein Körper zeigte deutliche Alterszeichen. Geistig fit wie eh und je wünschte er sich, an einer weiteren CD mitarbeiten zu können, auf der es um Klänge für alte und sich vollendende Tiere gehen sollte.

Wieder kamen wir zusammen, auch unter freiem Himmel: Lucien Majrich mit seinen Klangschalen, Rüde Fox mit Hundegefährtin Shiva, meine Hündin Lucina, ich als Übersetzerin sowie einige Gasttiere. Purzel begleitete mich – seit April 2011 als Katzenengel und weise Ratgeberin aus der geistigen Welt.

Bereits bei den Arbeitssitzungen für den Mutter- und Rudelton hatte meine Katze Purzel auf die besondere Wirkung einiger Klänge – z. B. einen Ton „für die andere Geburt", sie meinte damit das Sterben – hingewiesen, die für die erste CD keine Verwendung fanden. Die Bezeichnung der Klangschale für diesen speziellen Ton hatte ich längst vergessen, als wir im Mai 2012 den anwesenden Tieren sowie Lucina, Fox, Shiva und Tony wieder eine große Auswahl an Klängen vorspielten und ich auf die Kommentare lauschte. Zuerst fragte ich nur ab, ob ein Ton überhaupt für die neue Komposition für alte und sterbende Tiere in Frage kam. Im nächsten Zug bat ich die Tiere um Details.

Auf die Schale Gamma 8 zeigten alle Hunde eine deutliche Reaktion und nannten Qualitäten wie Vertrauen, Ausruhen und Entspannen. Ich fragte, ob es unterschiedliche Töne gäbe für alte und sterbende Tiere.

Fox: Dieser Ton gilt für beides. Da sollst du keinen Unterschied machen. Alt sein ist der Anfang vom Sterben. Das ist ein sehr lebendiger Prozess, ein sehr aktiver, sogar vitaler Prozess. Erst das Ende dieses Prozesses ist die Auflösung, der Tod.

Am Tag nach dieser ersten großen Arbeitssitzung im Mai 2012 las ich in den Aufzeichnungen der Forschungsarbeit für die erste CD nach, und es war tatsächlich diese eine Schale mit dem Ton, den Purzel zwei Jahre vorher schon als Ton „für die andere Geburt" bezeichnet hatte!

Bei anderen Klängen wiesen die Tiere darauf hin, dass diese heilsame Eigenschaften hätten und besser als z. B. ein Wundverband, gut für oberflächliche Wunden oder für innere Entzündungen geeignet seien. Einige Klänge bezeichneten sie als „Knochenleim", also als Mittel, um Knochenbrüche zu kitten und zu heilen – nicht als Leim aus Knochen – oder sogar als „Nadel und Faden" für Schnittwunden. Für diese Art von Klängen wünschten sie sich eine weitere Komposition.

> *Fox: In der Parallelwelt wird auch geheilt. Im Schlaf sind wir in der Parallelwelt.*
> *IRF: Kannst du sagen, wie dort geheilt wird?*
> *Fox: Dort wird nicht geheilt im Sinne von „verändert", dort ist schon alles heil. Ich nehme diesen Zustand, dieses Gefühl mit zurück, was dann Heilung in Gang setzt in der Hierwelt.*
> *IRF: Können wir Menschen das auch mehr in Anspruch nehmen, bewusster? Oder geschieht das außerhalb unseres Wollens oder außerhalb unserer Kontrolle?*
> *Fox: Erinnerst du dich an den Traum mit dem Küchenschrank, in den du deine Probleme, Symptome gelegt hast über Nacht, und am nächsten Morgen war alles gut?*

Ich war total überrascht, dass Fox auch meine Träume kannte! Denn ich hatte tatsächlich einen solchen Traum, der mich nachhaltig beeindruckte, doch den ich mittlerweile wieder vergessen hatte. Damals – im Jahr 2008 – führte ich ein Traumtagebuch.

Darum kann ich an dieser Stelle detailliert über den Traum berichten:

„Ich befand mich in einem großen Haus mit vielen Menschen, es war eine Feriensituation, es gab auch viele Katzen, deren Fütterung ich übernommen hatte. Sie waren überall, auch in Schränken. Es hieß bzw. ich sagte den Leuten, dass die Schränke Heilkräfte hätten. Man stellte Verdorbenes oder Kaputtes rein und am nächsten Tag konnte man es frisch wieder rausnehmen. Es gab da auch einen Kühlschrank. Darin befand sich eine tote Katze, die in einer teigigen Masse lag. Dieser Kühlschrank war ebenfalls ein Heilschrank. Ich habe zwei weitere kleine kaputte Sachen in den Kühlschrank zur toten Katze gelegt. Und als ich am nächsten Morgen den Kühlschrank öffnete, befreite sich die wieder lebendige Katze aus der Masse, die nun aussah wie ein gebackener Kuchenteig, und spazierte unversehrt aus dem Kühlschrank heraus."

> *IRF: Ja, ich staune nicht schlecht, dass du meine Träume kennst. Du meinst, ich kann das bewusst vor dem Einschlafen machen?*
> *Fox: Ja klar.*
> *IRF: Es geht aber nicht immer alles weg, oder? Deine Knoten sind ja auch noch da …*

Fox hat mehrere große Knoten unter der Haut am Hals und Kieferbereich. Die Tierärztin hatte sie als gutartig eingestuft.

> *Fox: Das sind ja nicht nur meine Knoten … Und es geht ja auch nicht nur darum, irgendetwas „wegzumachen". Heilung ist viel mehr.*
> *IRF: Ja, das ist mir bewusst. Und doch sprichst du eine Möglichkeit an, die wir mehr nutzen könnten. Macht ihr Tiere das auch?*

Fox: Natürlich. Und wenn die Menschen nicht so viel dazwischenpfuschen würden mit ihrer Chemie, wären wir auch „erfolgreicher" ...
IRF: Ist es nicht auch so, dass Tiere durch menschliches Eingreifen länger leben?
Fox: Pah! Diese Option ist nur was für Ungläubige! Für die, die meinen, es geht nach dem Tod nicht weiter. Länger leben in eurem Sinn heißt für uns nur, länger in einer Form – einem Körper – zu bleiben. Was auch eine spezielle Erfahrung ist, vor allem eine, die euch scheinbar erstrebenswert erscheint, weil ihr so viel ins Langleben investiert und an Versagen denkt, wenn es nicht klappt. Und weil ihr uns etwas länger in dieser einen Form um euch habt. Wärt ihr flexibler im Denken, wäre das alles kein Thema.

Zu einem anderen Ton äußerte sich Lucina ganz ausführlich:

Lucina: Ihr sagt, der Tod trat um soundsoviel Uhr ein. Er tritt schon viel eher ein. Er ist nichts Getrenntes, er begleitet uns, ist eine Energieform im Leben, die wichtig, ja nötig ist, sonst wäre Leben nicht Leben. Tod findet ständig statt in uns, das ist nichts Neues. Etwas stirbt, ein anderes entsteht – physisch, mental, emotional. Der Tod ist der Abschluss, die Vollendung, wenn auf diesen irdischen Ebenen nichts Neues mehr entstehen kann, wenn es einen Dimensionssprung braucht.
IRF: Also hat dieser Ton mit diesem Thema, zu dem wir gerade forschen, zu tun: Alter und Vollendung bzw. Tod?
Lucina: Auch. Ebenso mit dem Thema Wundheilung, ebenso mit dem, was ihr Erleuchtung nennt, wenn also das Bewusstsein für eine weitere oder für die nächste Dimension bereit ist.

IRF: Empfiehlst du, diesen Ton mit reinzunehmen? Oder ist das schon die Vorbereitung auf eine neue CD, ein weiteres Thema? *Lucina:* Ihr könnt diesen Ton auch in dieser Komposition für alte und sich vollendende Tiere sanft anklingen lassen, mehr im Hintergrund.

Als uns die Tiere Anweisung gaben, in welcher Reihenfolge, Kombination und Spielart – gestrichen oder geschlagen – die ausgewählten Klangschalen gespielt werden sollten, zeigte sich, dass diese neue Komposition einen ganz anderen Aufbau hatte als die beiden Stücke auf der ersten CD. Auch hatten die Tiere viel mehr verschiedene Klangschalen ausgewählt als beim Mutterton und Rudelton.

Als ich dann für Lucien Majrich so etwas Ähnliches wie ein „Notenblatt" bzw. eine Spielanleitung anfertigte, stellte ich fest, dass die Komposition 9 Abschnitte hatte sowie einen mehrere Minuten lang gespielten Schlusston – also den 10. Abschnitt. Interessant daran ist, dass die Zahl 9 für die Vollendung und die Zahl 1 für den Neubeginn stehen! Der Aufbau der Komposition erinnert Lucien Majrich und mich an eine Entwicklung, einen Lebensprozess. Als ich die Tiere darauf ansprach, bestätigten sie diesen Gedanken.

Erste Erfahrungen

Im Juli 2012 gelang Lucien Majrich eine erste Aufnahme von dieser Komposition. Ich wollte diese Aufnahme einigen Klienten geben, die ältere Tiere hatten und bereit waren zu beobachten, wie ihre Tiere auf die Klänge reagierten. Und so kam es, dass Kater Fritz – 21 Jahre – das erste nicht an der Erarbeitung beteiligte Tier war, das die fertige Komposition hörte und die einzelnen Abschnitte sowie das Ganze kommentierte. Ich hatte einige Tage vorher eine Kopie dieser Aufnahme an die Menschengefährtin von Fritz geschickt, und beide hatten sich die Komposition bereits mehrere Male anhören können, bevor ich mit der Klientin eine Zeit vereinbarte, in der Fritz und ich zeitgleich die CD hören wollten. So drückten die Klientin bei sich zu Hause und ich in meiner Wohnung auf „1-2-3" die Starttasten unserer CD-Spieler. Und ich ging in telepathischen Kontakt mit dem Kater.

IRF: Hallo lieber Fritz. Wir hören jetzt beide zeitgleich diese CD mit Klängen für ältere und sich vollendende Tiere. Du hast sie bereits schon mehrmals ganz gehört.
Bevor wir uns zu den einzelnen Stufen austauschen, wüsste ich gerne von dir, welchen Gesamteindruck du davon hast.
Fritz: Ich bin erstaunt, erfreut. Und stolz, dass ich noch mitwirken kann und darf.
Es war bislang etwas „zerstreut" in mir. Jetzt zeigt sich ein klarerer Weg, auch bewusster. Bewusster in dem Sinne, dass nicht nur meine Seele weiß, was sie tut und was ansteht, sondern dass auch meine irdischen/physischen Anteile „mitmachen". Das ist irgendwie ... elektrisierend – angenehm! – faszinierend.
Das Loslassen wird anders werden, vollkommen, vollständig, wie in einem weichen wundervollen Luxuskörbchen ... es ist schwierig, das auszudrücken. Noch ist es ja nicht soweit, doch ich spüre, wie mein Körper von Schwingungen durchströmt wird – ab Abschnitt 3 der CD – die ihn lichter und leichter machen, und ich werde fröhlich dabei, heiter.
Der Körper ist ja normalerweise am „Verdunkeln", während meine Essenz lichter wird beim Vollendungsprozess. Nun habe ich den Eindruck, dass auch die Zellen und der feinstoffliche Körper lichter und leichter werden. Das ist schon sehr zum Staunen ...

IRF: Hast du eine Vorstellung davon, wie sich das auf das Ende des Vollendungsprozesses auswirken könnte, auf den Übergang und das unmittelbare Danach?

Fritz: Hmm ... beim normalen Sterben bleibt einiges hängen ... ihr nennt es karmisch. Das zieht uns dann wieder an bei einer neuen Inkarnation. Ich habe den Eindruck, dass, wenn die Zellen, der Körper, so leicht, so licht sind, auch die feinstofflichen Körper, viel Altes und Bindendes aufgelöst werden können, was wiederum große Freiheit schenkt.

Es ist auch wichtig in dieser Zeit, dass möglichst viele Wesen so leicht, so licht sich vollenden können und sie mit dieser neuen lichten Qualität auch die künftige lichte Zeitqualität mitprägen können.

Bei Abschnitt 4: Es macht einfach froh, diese Klänge zu hören. Ein tiefes Frohsein ist das!

Bei Abschnitt 5: Das ist schon sehr himmelisch! Es entsteht ein innerer Tanz, ein inneres Wiegen. Ich fühle stark Ich-Bin.

Bei Abschnitt 6: Hier verändert sich diese Fröhlichkeit hin zu einer zielgerichteten Gewissheit ...

Bei Abschnitt 7: ... und Flügel kommen hinzu ...

Bei Abschnitt 8: Das ist ein Hochwirbeln ... alles ist Licht ... jede Zelle wirbelt ins Licht ... das ist wundervoll ... die Klänge sollen allerdings leiser sein. Wirbelig, doch zart und fein!

... und in dem lichtvollen Wirbel gibt es doch eine Konstante, eine klare Ausrichtung, auf die sich letztlich alles hinziehen lässt. Dort erwartet uns ein Zustand jenseits aller irdischen Hochgefühle, etwas Unbeschreibliches ... Christus ... Gott sind Namen dafür, doch es ist unbeschreiblich, daran erinnere ich mich.

Bei Abschnitt 9: Alles ist jetzt in dem EINEN!

Diese Klänge schenken mir/uns, und zwar allen unseren Anteilen, einen Vorgeschmack auf die Glückseligkeit, die uns erwartet nach der irdischen Vollendung, und es breitet sich ein tiefer Frieden in mir aus schon zu Lebzeiten, ein Abglanz bereits des Kommenden ...
Dank all jenen, die das initiiert haben, die es umsetzen und verbreiten. Es ist ein großer SEGEN! Und das kann ich im Namen aller Tiere sagen!
IRF: *Vielen Dank, lieber Fritz. Deine Worte und Kommentare sind sehr berührend und ließen mich die Klänge viel intensiver erleben und fühlen.*
Fritz: *Noch eines: Geh damit auch zu alten Menschen und solchen, die in der Vollendungsphase sind ...*

Nach diesem Gespräch hatte ich noch stärker das Gefühl, dass da etwas sehr Wichtiges auf dem Weg in die Welt war: heilsame Klänge, von Tieren für Tiere und Menschen komponiert!

Nun lag es an Lucien Majrich, die Anregungen von Fritz zur Spielweise umzusetzen. Das war nicht gerade leicht. Wiederholt betonte Lucien, dass Klangschalen sehr eigenwillige Instrumente seien. Sie lassen sich nicht genau so spielen, wie man es beabsichtigt. Immer wieder entstehen unerwartete Klänge. Um beim Spielen in einen stimmigen Fluss zu gelangen, war es für ihn notwendig, seine eigene Absicht loszulassen und sich auf Unerwartetes einzulassen. Ebenso beim Hören. Diese innere Umstellung ist eine der heilsamen Wirkungen der Klänge.

Es war für ihn also eine besondere Herausforderung, die Vorgaben der Tiere über Zusammenstellung und Reihenfolge der Klangschalen mit den eigenen Rhythmen der Schalen zu verbinden und somit einen durchgehenden Klangfluss zu erzeugen und aufrecht zu halten. Dabei war es sehr hilfreich für ihn, sich der geistigen Quelle aller Schöpfung bewusst zu sein, die durch diese Klänge auf eine besondere Weise heilsam und erhellend auf uns alle wirkt.

Als Lucien Majrich nach einer der vielen folgenden Probeaufnahmen das gerade aufgenommene Stück abhörte, hatte das Gerät anschließend von selbst eine andere Aufnahme abgespielt, eine eigene Komposition, die er zuvor aufgenommen hatte. Er fand dieses Stück sehr lichtvoll und an der Stelle total wohltuend und passend. So entstand die Idee, die CD um ein kurzes Stück zu erweitern. Dieses Stück nannte er „Im Licht".

Und schließlich kamen wir überein, das Hauptstück, das einen Lebens- und Vollendungsprozess darstellt, mit zwei kurzen „Lichtstücken" einzurahmen.

Praktische Hinweise und Anwendungen

Beim Hören der CDs (siehe Anhang) kommt es sehr auf das abspielende Gerät an. Je nach dessen Qualität können dieselben Töne sehr unterschiedlich klingen, sodass manchmal kaum zu erkennen ist, dass es sich um dasselbe Stück handelt. Kleine Lautsprecher geben tiefe Töne gar nicht wieder. Doch da Tiere eine sehr feine Wahrnehmung haben, wirken die Klänge bei jeder Art des Abspielens, sogar übers Telefon.

Einsatzbereiche der Komposition: Vollendung, Loslassen, Neubeginn
Die Anwendung der Klangfolge der 2. CD eignet sich vor, in und nach Situationen, in denen es um das Loslassen oder einen Neubeginn geht, wie z. B. Umzüge, das Hinzukommen neuer Tiergefährten oder menschlicher Familienmitglieder. Ebenso beim Abschied von Tiergefährten oder von menschlichen Gefährten, aber auch vor und auf längeren Reisen oder größeren Veränderungen.

Die Klänge helfen nervösen Tieren, kranken Tieren, älteren und schwachen Tieren, sie helfen, wenn es um eine leichte Geburt oder ein friedliches Loslassen in der Vollendungsphase ihres Lebens geht. Die Tiere nennen dieses Ereignis selten Sterben oder Tod, sondern sie sprechen von Vollendung und von der „anderen Geburt".

Die Klänge wirken allgemein sehr entspannend, erhellen das Gemüt und machen sowohl Tiere als auch Menschen froh und gelassen! Ich empfehle auch hier, dass Sie es Ihren Tieren überlassen, wie sie darauf reagieren und sich verhalten wollen. Manche Tiere genießen es, sich in unmittelbarer Nähe der Klangquelle aufzuhalten. So haben sich mehrere Tiere ganz gezielt vor die Klangquelle gelegt. Andere wählen lieber einen Abstand und profitieren dennoch von den feinen Schwingungen dieser Klänge, die sich im Raum entfalten.

Erste Sterbebegleitungen mit der neuen Komposition
In der Zeit zwischen der ersten Probeaufnahme dieser Komposition im Sommer 2012 und dem offiziellen Erscheinen der CD im Februar 2013 ergab es sich, dass ich einige Tiere in ihrem Vollendungsprozess begleiten durfte. Jedes Mal sah es so aus, als ob die Tiere bald – also in den nächsten Stunden – sterben würden, sodass ich keine Zeit hatte, von der Aufnahme eine Kopie zu machen und per Post an die jeweiligen Klienten zu schicken.

Die Hündin in Freiburg
Im ersten Fall hatte ich die Eingebung, selbst die Komposition an meinem Arbeitsplatz in meiner Wohnung in Meersburg zu hören, während ich im telepathischen Kontakt mit der sich vollendenden Hündin in Freiburg war und sie nach ihren Bedürfnissen fragte. Kaum hatte ich die Kommunikation begonnen und ihr erzählt, dass ich auch versuchte, ihr die Klänge mental zu übermitteln, sagte die Hündin:

Nimm doch das Telefon!

Ja so was, warum war ich nicht selbst darauf gekommen? Sogleich rief ich die Klientin an, erklärte ihr mein Vorhaben und platzierte dann den Hörer meines Telefons vor den Lautsprechern meines CD-Spielers. Die Klientin, die ein schnurloses Telefon benutzte, schaltete den darin eingebauten Lautsprecher ein und legte das Gerät in die Nähe ihrer Hündin. Und ich nahm die stille Kommunikation wieder auf. Nach einer Stunde, die CD war abgespielt, nahm ich den Hörer wieder in die Hand und tauschte mich mit der Klientin aus.

Es waren Abschiedsworte des Friedens, der Liebe, die ich ihr von ihrer Hündin übermitteln konnte. Die Klientin wiederum berichtete, dass ihre Hündin bis zum Zeitpunkt meiner Kontaktaufnahme sehr unruhig war und erst, als sie die Klänge über das Telefon vernahm, ruhiger werden und schließlich ganz entspannen konnte und gleichmäßiger atmete. Sehr überrascht war die Klientin, als sich ihre Hündin nach etwa 15 Minuten CD-Spielzeit in Richtung Telefon bewegte, das etwa einen Meter entfernt von ihr lag. Schließlich hatte die Hündin die Distanz überwunden und legte ihren Kopf und den Hals auf das Telefon. So blieb sie liegen, bis die Klänge verstummten. Und sie blieb auch danach ruhig und entspannt und konnte nur wenige Stunden später ganz friedlich ihr Leben vollenden.

Zum richtigen Zeitpunkt
Bei einer Katze, deren Menschengefährtin sicher war, dass sie sich am selben Tag noch aufmachte, um zu sterben, kam mir diese Erfahrung zugute. Und so schlug ich spontan die Klangübertragung per Telefon vor, was die Klientin dankbar annahm. Diese schilderte mir dann ein ähnliches Verhalten wie bei der Hündin. Ihre Katze kroch nach einigen Minuten Zuhören zum schnurlosen Telefon, dessen Lautsprecher die heilsamen Klänge übermittelte, und umfasste es mit beiden Vorderbeinen. In dieser „Umarmung" verweilte die Katze bis zum Ende der CD. Doch dann wurde diese Katze wieder aktiv, wollte sich bewegen und essen. Ihr Leben war also noch nicht fertig, es gab noch eine Weile irdischer Lebenszeit für sie. Und es war eine gute Zeit. Diese dauerte etwa einen Monat. Dann vollzog sich ihre Vollendung sehr schnell – und ebenfalls sehr friedlich.

Eine Katze mit Krebs
Noch eine weitere Katze durfte ich mit den Klängen begleiten, auch wieder über das Telefon. Diese Katze hatte trotz ihrer

Krebserkrankung noch Lebensfreude und Appetit und wollte ihr Leben bis zur letzten Minute auskosten. Diesen Eindruck hatte zunächst die Klientin und die Katze bestätigte dies auch bei einem telepathischen Kontakt, den ich mit ihr hatte. Eines Tages jedoch näherte sie sich ihrer letzten Minute. Sie wollte nicht mehr essen und gab schließlich laute Töne von sich, die wie ein Rufen klangen. Tagsüber, wenn ihre Menschengefährtin bei der Arbeit war, lebte sie eine Etage tiefer in demselben Haus, in der Wohnung der Mutter der Klientin. Die alte Dame war sehr aufgeregt über das ständige Rufen der Katze und telefonierte mit der Tochter, weil sie der Meinung war, diese sollte das Tier nun doch einschläfern. Die Klientin kehrte an diesem Tag so schnell wie möglich nach Hause zurück und rief mich an. Ich hatte ihr bislang nichts von der neuen Komposition erzählt – es hatte sich einfach nicht ergeben oder nicht gepasst. Doch nun berichtete ich der Klientin von meinen Erfahrungen mit den Klängen und bot ihr an, ihre Katze ebenfalls auf diese Weise zu begleiten – per Telefon.

Als wir uns nach Ablauf der CD – es war schon spät abends – noch einmal austauschten, berichtete die Klientin, dass ihre Katze weniger rief, seit sie wieder zu Hause war. Doch als sie die Klänge aus dem Telefon vernahm, konnte sie schließlich ganz ruhig werden und entspannen. Die Klientin hatte sich auf Wunsch ihrer Katze den nächsten Tag arbeitsfrei genommen. So konnte sie in den letzten Stunden, die die Klientin als sehr friedlich und lichtvoll empfand, bei ihrer geliebten Katze sein. Nicht alle Tiere wünschen die Anwesenheit ihrer Menschen bei ihrer Vollendung. Doch diese Katze legte großen Wert darauf. Am nächsten Morgen gegen 9 Uhr – ich hörte in dieser Zeit ein „Leb wohl" von ihr, noch nicht wissend, dass dies ihre Stunde war – vollendete diese Katze mit einem für die Frau deutlich hörbaren letzten Atemzug ihr erfülltes Leben.

Weitere Studien und Erfahrungen

Um nicht allein darauf angewiesen zu sein, welche Rückmeldungen ich von den Tieren zu der fertigen Komposition bekam, bat ich zwei Kolleginnen, ihre eigenen Tiere bzw. Tiere ihrer Klienten zu befragen, nachdem sie die neue Komposition gehört hatten.

Jutta Lamparter – Therapeutin und Tierkommunikatorin – befragte ihre Tiere: Kormos (Hund, 12 ½ Jahre alt), Dino (Hund, bereits verstorben), Inci (Katze, 12 ½ Jahre alt), Silas (Kater, 10 Jahre alt), Rio (Pferd, Wallach, 25 Jahre alt), Adlon (Pferd, Wallach, 34 ½ Jahre alt), Magdan (Pferd, Wallach, 16 Jahre alt), Doreena (Pferd, Stute, 12 Jahre alt), Tony (Stallkater, 16 Jahre alt und mittlerweile taub).

Die Gespräche wurden geführt, nachdem Jutta Lamparters Tiere die CD mit der ersten Probeaufnahme einmal vollständig gehört hatten. Im weiteren Verlauf wurde die CD immer wieder fast jeden Tag gespielt.

Nach 8 Tagen, so berichtete Jutta, war eine auffällige Verbesserung des Gesamtbefindens von Pferd Rio zu beobachten, der momentan an einem akuten schmerzhaften Hufrehe-Schub seiner chronischen Cushing-Erkrankung litt. Die zuvor über 2 Wochen verabreichten Schmerzmittel hatten keine Wirkung gezeigt und waren deshalb ca. 5 Tage vor dem ersten Abspielen der CD abgesetzt worden.

Stallkater Tony, seit einiger Zeit taub, kam aber jedes Mal in den Stall gelaufen, sobald die CD gespielt wurde. Auf ein Rufen reagierte er leider nicht mehr. Als Tony die CD zum ersten Mal „hörte", kletterte er über Heuballen und über Balken balancierend auf das Wasserfass, auf dem der CD-Player stand, und setzte sich direkt davor.

Der Hund Kormos legte sich jedes Mal, wenn die CD gespielt wurde, tief entspannt hin und „meditierte", er war dann für nichts anderes ansprechbar und wollte nicht gestört werden. Nach Verklingen der Komposition war er jedoch für die Befragung bereit.

> *Kormos: Diese Klänge sind ein Segen. In dieser unendlich lauten Schwingungskakophonie überall auf der Welt bekommt der Seelenrhythmus wieder Stärkung, klingt durch und wird fühlbar, wie ein Anker.*
> *Das ist so ein Gefühl, wie wenn man vom Außen eines Wirbelsturmes, wo man herumgewirbelt wird wie ein nasser Lappen, nach innen, ins Zentrum kommt und endlich Ruhe und Frieden findet. Ein Licht erscheint und zeigt einem den Weg. Es ist schwer zu beschreiben. Rückverbindung wäre ein Wort dafür, aber nicht nur im Sinne von „rückwärts", verstehst du, was ich meine? Nun lass es mich einfach noch ein wenig genießen.*

Noch während des Kontaktes mit Kormos empfing Jutta Lamparter eine telepathische Nachricht von ihrem verstorbenen Hundegefährten Dino:

> *Dino: Die Seele heilt, diese Musik wäre ganz wichtig für alle Tiere, die Misshandlungen erlebt haben oder am Ende eines freudlos gelebten Daseins stehen. Sie würden dann den ganzen alten Ballast – vor allem den energetischen, der sich in den Emotionalkörpern einprägt – zurücklassen können!*

Katze Inci schnurrte, während Jutta mit ihr in telepathischem Kontakt war, und kuschelte sich zurecht. Während die CD lief, fiel deutlich sichtbar Spannung von ihr ab, und sie machte den Eindruck, als würde ihr Energiefeld die Klänge regelrecht

„trinken". So ähnlich verhielt sie sich, als sie ihre Babies erwartete und zu Jutta kam, um ihr das „mitzuteilen", noch bevor davon irgendetwas an ihrem Körper zu sehen war.

> *Inci: Diese Klänge bilden einen Raum der Geborgenheit. Alles ist gut. Die Musik ist wie ein kompletter Zyklus eines Lebens, bis zur Vollendung, sie ist auch für euch Menschen gut. Sie bringt euch zurück auf euren wirklichen Weg, wenn ihr euch die Zeit nehmt zu lauschen und euch wirklich darauf einzulassen. Sie stabilisiert die Energiefelder.*

Was mich sehr erstaunte, war, dass manche von Jutta Lamparters Tieren fast wortgleiche Beschreibungen benutzten wie wir Menschen oder andere Tiere, obwohl sie – zumindest auf physische Weise – nichts voneinander oder von den jeweiligen Botschaften wussten. Auch Jutta Lamparter kannte den Wortlaut der Kommunikationen nicht, die ich während der Erforschung der Klänge mit den Tieren und später mit Kater Fritz führte.

Als Kater Silas nach dem Abspielen der Komposition nach seiner Meinung befragt wurde, lag er noch immer schnurrend und lang ausgestreckt auf der Seite. Er hatte vor kurzem seinen langjährigen, ganz engen Katerfreund Robby verloren und lange getrauert.

> *Silas: Die Klänge bilden eine Brücke nach drüben, so wird es mir leicht, mich mit Robby zu unterhalten. Der Schleier ist dünner, die Welten können sich leichter berühren.*

Dann wollte er genau das tun – Jutta Lamparter ließ ihn in Ruhe und fragte nicht weiter.

Obwohl Kater Tony taub ist, bestätigte er, diese Töne „hören" zu können, offenbar auch über Jutta Lamparters Ohren – als „Kanal" – weil sie sie hörte und sich mit ihm verbunden hatte, aber auch über die Frequenzen der Schwingungen. Er suchte in der Folgezeit jeden Tag die Nähe des CD-Spielers.

Tony: Ihr könnt auf dem gleichen Weg, wie es bei mir geht, alle Tiere, mit denen ihr euch verbindet, mit diesen Klängen erreichen, indem ihr die Musik selber bewusst anhört. So könnt ihr unabhängig von räumlicher Nähe Trost und Frieden bringen – überall, wo sie gebraucht werden.

Jutta Lamparters 25-jähriger Wallach Rio hörte auf, Heu zu fressen, als die Komposition gespielt wurde, und kam zu Jutta hin, die auf einem Stuhl im Stall saß, stellte sich direkt vor sie und schaute sie ganz eindringlich an. Er lauschte regelrecht ... andächtig. Dann sagte er:

Rio: Danke, dass du uns diese Klänge vorspielst. Sie entspannen zutiefst. Alles wird leicht. Das Bewusstsein verlagert sich aus dem Körper heraus in die feinstofflichen Ebenen. Dadurch werden die Schmerzen und Verspannungen leichter. Sie stehen irgendwie nicht mehr so im Vordergrund. Ich danke dir, dass du mir meinen Weg so ermöglichst. Ich heile und reinige durch meine „Krankheit" und ihre Symptome energetisch vieles in meinem eigenen Energiefeld, aber auch im Energiefeld meiner Gattung und Seelenfamilie, auch für die Erde und die Menschen tue ich das.
Wenn du mich nicht zu dir genommen hättest, wäre ich schon längst „sanft erlöst" worden, wie ihr Menschen so gerne sagt, weil euch die Metamorphose Angst macht. Damit wäre mein gesamter Lebenssinn unterbrochen worden und umsonst gewesen.

Ja, genau das ist meine Lebensaufgabe, und da ihr Menschen immer eher das Außen seht und dann beurteilt, könnt ihr euch so schlecht vorstellen und es so schlecht aushalten, wenn „etwas außerhalb der Norm" ist, also krank, schmerzhaft, „scheinbar unheilbar" … Dabei bezieht ihr das immer auf den Körper.

Mein ganzes langes, scheinbar so mit Schwierigkeiten behaftetes Leben ist Heilung für meine Seele. Leider könnt ihr diese Ebenen nicht sehen und anfassen, sonst würdet ihr sehen, was da alles passiert, und einen anderen Blickwinkel einnehmen. Nicht mehr beurteilen, sondern wahrnehmen, wirklich wahrnehmen, erkennen, was wahr ist.

Wenn ich dieses Mal von dieser Erde gehe und meinen Körper verlasse, wird alles erfüllt sein, nichts bleibt als offene Rechnung stehen. Adlon und ich werden dann nicht wiederkommen, denn „drüben in der anderen Dimension" gibt es auch viel Arbeit für uns. Tiergeschwister, die ihren Übergang traumatisch erleben mussten und oft auch ihr ganzes vorangegangenes Leben. Wir können diesen Seelen dort dann helfen, denn wir bringen die körperliche Erfahrung von Leid und Schmerzen mit – und durch die gelungene Vollendung unseres Zyklus auch das spirituelle Heilmittel. So bleiben diese Seelengeschwister nicht „hängen" auf den niederen Ebenen, sondern können mit uns weitergehen, wir können ihnen den Weg weisen. Denn uns werden sie – da wo sie sind – wahrnehmen können, weil wir in unseren Astralkörpern ihre Resonanz mitbringen, aber auf einer hoch bewussten Ebene – dank des Weges, den wir bei dir und durch dich gehen durften. Spiel mir diese Klänge, wenn es soweit ist und noch einige Zeit danach … Und spiel sie mir bitte auch immer wieder, solange ich noch bei euch bin. Sie bringen Frieden und öffnen den Weg.

Jutta Lamparter wollte von Rio noch gerne wissen, wie sie die verstorbenen Seelengeschwister mit diesen Klängen erreichen könnte.

Rio: Über „Kanäle" wie mich und andere, die ihre Vollendung in solcher Begleitung machen dürfen. Wir, deren Weg nicht mehr weit ist, fungieren wie „Lautsprecher" nach drüben – Du weißt ja, was ich dir über Resonanz gesagt habe. Ich bin z. B. ein „Lautsprecher" für meine Seelengeschwister, die Schlachttiertransporte, Grausamkeit und nichts als Unverstandensein und Schmerz erlebt haben. Und ich bin stolz darauf, durch mein körperliches Leid so klar nach drüben tönen zu können und zu dürfen. Auch ich heile dadurch.

Danke, dass du dich so gut um mein Seelengefäß, meinen „Resonator" kümmerst, auch wenn auf dieser Ebene das, was ihr Heilung oder Remission nennt, nicht möglich ist. Denn damit hilfst du so vielen, die schon drüben sind.

Ja, du verstehst es richtig. Mein Leben ist schön, so wie es ist. Es ist sinnhaft. Ich bin glücklich.

Adlon, fast 35-jährig, kam jetzt auch in den Stall – gerade richtig. Er lauschte und schloss die Augen. Die 12-jährige Stute Doreena und der 16-jährige Wallach Magdan gesellten sich ebenfalls hinzu, lauschten und badeten regelrecht in den Klängen.

Adlon: Ich kann mich Rio nur anschließen. Das klingt wie Heimat, wie das, von dem ihr sagt: „Hinter dem Regenbogen". Es beruhigt, glättet, streichelt die Energiekörper, bringt alles in die Ordnung, denn nur wenn Ordnung ist, kann man leicht und ohne starke Geburtswehen loslassen, übrigens genauso wie ankommen.

Es ist ja immer jeweils eine Geburt, nach hüben und nach drüben. Ein Wechsel wie Ein- und Ausatmen, ständiges Schwingen. Alles im Universum schwingt, das ist der Lebensimpuls. Die Schöpfung. Wir sind alle Eins, wir sind alle gemeinsam die Schöpfung und der Schöpfer. Unsere Schwingungsresonanzen bestimmen, wie die Schöpfung sich dann darstellt. Deshalb ist es so wichtig, gerade jetzt in dieser Zeit – am Scheidepunkt – unsere Resonanzen alle miteinander zu klären und anzuheben.
Und das tut diese Musik so fein und doch so kraftvoll. Reines Licht als Klang, Licht auf der Ebene des Klangs.

Magdan: Das weckt in mir Erinnerung und Rückverbindung in die anderen Dimensionen des Seins, die wahre Heimat der Seele.

Doreena: Ja, das stimmt. Unser Weg ist noch nicht zu Ende und wir lieben es, hier zu sein – bei euch. Diese Klänge haben für uns etwas sehr Ordnendes, eine Rückbesinnung auf das Eigentliche, Regeneration, Rückzug ins Innere und von dort aus Beobachter sein, anstelle verwickelt zu werden in Dissonanzen, wie es oft so schnell passiert in dieser Zeit, wenn man nicht aufpasst. Deshalb ist diese Musik nicht nur für die Vollendung des Lebensweges so gut, sondern ihr – Menschen – solltet sie auch regelmäßig anhören, um eure Schwingung anzuheben, dann steht ihr die Veränderungen dieser Zeit besser durch und bleibt zentriert. Nur so könnt ihr die Welt erschaffen, die harmonisch im Klang der Sphären schwingt: das, was ihr Paradies nennt. Es ist ja schon ständig da, aber ihr könnt es nicht leben, verwirklichen und wahrnehmen, solange ihr so „außer euch" seid.

Eine weitere Kollegin – Renate Dimter, die auch eine Hundeschule leitet – lud Menschen und Hunde zu einem Abend des gemeinsamen Hörens der Klang-CD ein. Alle Tiere entspannten sich viel schneller als üblich, und die kranke Hündin Eika legte sich das erste Mal überhaupt zu den Füßen ihrer Menschengefährtin nieder. Die Rückmeldungen der Menschen am nächsten Tag klangen fast alle gleich:

> *Es war sehr entspannend. Wir haben sehr gut geschlafen – wie lange nicht mehr.*

Mit Eika, die an Milzvergrößerung erkrankt war, unterhielt sich Renate noch etwas ausführlicher am nächsten Tag:

> *Eika: Es wird für mich ein Gehen in Frieden und Freiheit sein. Ich werde vollkommen sein und ich bereite mich Schritt für Schritt auf meine Reise vor. Der Abend war für mich wunderschön und hat mich wieder ein Stück weitergebracht. Der Wirbel ist das Vollkommensein und -werden in mir. Es reift etwas in mir und ich werde getragen von guten Mächten. Es ist eine Leichtigkeit seitdem in mir. Die hohen Töne tragen mich davon, die tiefen Töne ruhen in mir. Alles ist stimmig, alles gehört zu mir, alles ist eins …*

Seit im Februar 2013 diese CD „Heilsame Klänge für Tiere II – Vollendung, Loslassen, Neubeginn" im Reichel Verlag erschienen war, erreichten mich viele Rückmeldungen dazu – schon wenige Tage später schrieb mir Gabriele G. und ihre „zwölf Pfötchen":

> *Heute ist die CD eingetroffen und ich habe sie gleich aufgelegt und mehrmals gehört, samt meiner „Tiger". … Ich habe sehr viel Ruhe und ganz viel Liebe in den Klängen vernommen, sie tun sehr gut, passen für Mensch und Tier. Ich werde sicher noch viele CDs bestellen und natürlich auch für die Verbreitung sorgen. Ja,*

> *ich bin total begeistert von diesen wunderbaren Musikwerken für unsere geliebten vierbeinigen Geschöpfe. Super finde ich, dass die Wirkung auf uns Menschen ebenso genial ist und wir somit gemeinsam davon profitieren.*
> *Ich spüre natürlich auch, dass die Musik mit Liebe und göttlicher Führung entstanden ist. Und gerade in der jetzt so wichtigen Zeit für uns ALLE sind diese Musikwerke ein Geschenk von höherer Ebene.*

Folgende Erlebnisse während einer Meditation mit den heilsamen Klängen der zweiten CD schilderten mir die Teilnehmer einer kleinen Gruppe, die gemeinsam zu diesen Klängen im Liegen meditierten:

> **Person 1:** *Ich hörte die Klänge im Liegen, zusammen mit meiner Hündin und drei weiteren Personen. Gleich zu Beginn hatte ich den Impuls, meinen inneren Herzraum auszudehnen auf alle Anwesenden, dann auf Nichtanwesende ... Menschen und Tiere ... so auch auf Sie und Lucien Majrich, und alle Tiere und Menschen, die – direkt oder indirekt – bei dieser CD mitgewirkt haben.*
> *Dann begannen sofort starke Lichtsensationen und ich sah innerlich Bilder von hellem Licht – klar-weiß-golden.*
> *Einmal war der Impuls da, meine Arme auszustrecken und eine Art Kelch oder Gefäß für das einfallende, einfließende Licht zu bilden, was dann wie ein Trichter aussah ...*
> *An einer Stelle, als wieder ein neuer und für mich sehr besonderer Ton hinzukam, „sah" ich, wie auf meinem Körper eine große und recht tiefe Kerbe mittig im Körper von oben bis unten geformt wurde, wie durch einen Schnitt. Es tat nicht weh, es war eher angenehm und erstaunlich und ich fühlte mich erwartungsfroh.*

Als dann dieser besondere Ton wieder erklang, wurde seine Energie wie heilsames Licht in die Kerbe und in meinen Körper gelegt und die Kerbe aufgefüllt. Das war sehr ergreifend, mein Atem beschleunigte sich ... Auch an anderen Stellen der Komposition musste ich schneller atmen.
Zum Ende wurde das Licht rot und auch mehrfarbig, in wunderbaren Nuancen und bewegten Mustern.

Die anderen Teilnehmenden haben mir Rückmeldungen in Stichworten gegeben.

Person 2: eintauchen, wegtauchen, sinken, immer tiefer, loslassen, lassen, getragen sein. Hingabe, weiter sinken, entspannen, Traumbilder, mehr Stille

Person 3: getragen sein, Ausbreitung, großer unendlicher Raum, Entspannung, geistige Weite tut sich auf

Person 4: stiller weiter Raum, Seelenraum, Sternenklänge, lauschen, Öffnung, es zieht mich in eine warme Erdhöhle, heiliger Raum, geborgen in Mutter Erde, warm, tief, von Tönen umhüllt, schwingende Töne, zeitlos, raumlos

Und schon erinnerten mich diese Tiere an das nächste Projekt: eine CD mit Klängen für die bessere Wundheilung ...

Teil III

*„Gott wünscht,
dass wir den Tieren beistehen,
wenn sie der Hilfe bedürfen."*

Franz von Assisi

Arbeiten mit der telepathischen Tierkommunikation

Meine persönliche Praxis

Allgemeines

Von Beginn meiner beruflichen Ausübung der Tierkommunikation an habe ich meine Tiergespräche handschriftlich aufgezeichnet: Wort für Wort, Frage für Frage – wie ein Interview. Damit möchte ich zum einen, dass ich meinen Klienten die Antworten ihrer Tiere so ursprünglich wie möglich vermitteln kann und dass sie diese später immer wieder nachlesen können. Dadurch lässt sich auch vermeiden, dass z. B. bei einer rein verbalen, persönlichen oder telefonischen Vermittlung eine Fehlinterpretation durch den Hörenden erfolgt.

Es gibt noch einen anderen und äußerst wichtigen Grund für das sofortige Aufschreiben der telepathisch empfangenen Informationen. Wenn ich die Informationen nicht direkt auf das Papier fließen lasse – entweder weil ich meine, ich könne mir das jetzt doch mal merken oder weil ich zu bequem bin, die Augen zu öffnen und mich nach vorne zu beugen, um Block und Stift zu nehmen – entsteht eine Art Stau. Das heißt, es fließt nichts mehr nach. Es kommt nichts mehr durch. Und was fast noch gravierender ist: Sobald eine Information sich länger als diesen Bruchteil einer Sekunde in meinem Bewusstsein aufhält, den es braucht, um als Information überhaupt wahrgenommen und in Sprache umgesetzt zu werden, kommt mein Verstand ins Spiel. Und was tut mein Verstand? Er zensiert, kritisiert, zerlegt, bewertet, kommentiert, interpretiert, verändert, will einordnen, zuordnen, will Unbekanntes zu etwas Bekanntem machen und so weiter. Das geht normalerweise so schnell, dass ich es kaum oder gar nicht registriere.

Meine Erfahrungen haben gezeigt, dass ein telepathischer Impuls, der länger als wenige Sekunden in meinem Gehirn verweilt, sich durch meine Interpretation verändern kann – ohne dass ich das absichtlich möchte. Mit Interpretation meine ich, dass mein Verstand einen einfachen telepathischen Impuls sofort etwas Passendem, in meinem Gehirn Gespeichertem zuordnen oder in einen ähnlichen Zusammenhang integrieren möchte. Diese Fähigkeit haben die meisten Menschen hochgradig entwickelt und sie dient ihnen in vielen Situationen des Lebens. Bei einer telepathischen Kommunikation kann dies jedoch eher blockieren oder eine Information verfälschen. Interpretation kann auch zu einer persönlichen Bewertung führen, insofern dass z. B. ein telepathischer Impuls abgelehnt wird mit dem Gedanken: „Das kann unmöglich wahr sein", oder „Das ist jetzt bestimmt mein Gedanke und nicht der des Tieres."

Eine beliebte Übung in meinen Seminaren ist die, dass ich das Wort „Blume" vorgebe und die Teilnehmer dann bitte, mir die Blume zu beschreiben, die sie innerlich sehen. Meistens beschreibt jede der anwesenden Personen eine andere Blumenart. Alle bekannten Garten- und Wiesenblumen kommen vor. Der einfache Begriff „Blume" fällt also bei jeder Person auf einen anderen, bereits vorhandenen Hintergrund, in eine bereits vorhandene Geschichte oder Erinnerung. Jeder Mensch assoziiert Begriffe also ganz unterschiedlich.

Ein Beispiel aus einem Tiergespräch: Ich sollte eine Katze darüber befragen, was sie gerne essen und trinken würde. Eine ihrer Antworten lautete: „Ich mag das Weiße nicht!" Das konnte ja nun alles Mögliche sein – also Inhalt oder Teile des Inhalts, auch Farbe des Napfes oder die Unterlage. Die Katze machte hierzu auch keine weiteren Angaben. Als ich mich mit der Klientin austauschte und sie „Weiß" hörte, dachte sie wohl sofort an „Milch" und konterte, dass ihre Katze Milch sehr gerne trinken würde. Das war also eine typische Fehlinterpretation. Hätte ich selbst diese Interpretation so vorschnell geäußert, hätte sich die Aussage des Tieres als großer Irrtum herausgestellt. Dies kann das Vertrauen in die Möglichkeiten der Tierkommunikation erheblich stören. Gemeinsam mit der Klientin haben wir dann geforscht, was das „Weiße" sonst noch sein könnte, und ihr fiel ein, dass sie manchmal energetisch aufgeladene Porzellanpipes ins Trinkwasser legte zur Verbesserung der Wasserqualität. Diese Pipes waren weißlich. Und die Katze mochte oder brauchte diese Art der Aufbereitung ihres Trinkwassers einfach nicht.

Als ich das erste Mal eine Tierkommunikatorin beauftragt hatte, teilte sie mir die Antworten meiner Katze per Telefon mit. Ich hatte Stift und Block bereitliegen und schrieb so viel und so schnell wie möglich mit von dem, was die Tierkommunikatorin mitteilte. Ich war so aufgeregt über die Situation an sich, dann zusätzlich noch über den Inhalt des Gesprächs, dass ich gerne einfach nur meine Augen geschlossen und zugehört hätte, um die Informationen in mich aufzunehmen, zu fühlen und zu empfinden. Vor allen Dingen wollte ich staunen darüber! Doch ich musste mit all diesen Eindrücken und Gefühlen, mit Stift und Papier und Hörer gleichzeitig hantieren. Vermutlich habe ich nicht alles aufschreiben können und vermutlich habe ich beim Aufschreiben bereits interpretiert.

Als ich meine Notizen später immer wieder durchlas, hatte ich das Gefühl, dass sie nicht hundertprozentig mit dem Gehörten übereinstimmten. Doch diese Unsicherheit ließ sich im Nachhinein nicht aufklären. Dieses Dilemma möchte ich meinen Klientinnen und Klienten gerne ersparen. Dennoch bin ich für die Arbeit dieser Tierkommunikatorin mit meiner Katze unendlich dankbar.

Protokolle
Aufregend, gar erheiternd und auch sehr aufwendig gestaltete sich dieses generelle Mitschreiben der Tiergespräche zu Beginn. Meine Schrift war nämlich für jemand anderen kaum zu lesen, die Buchstaben wurden immer größer, je länger das Gespräch mit dem Tier dauerte. Die Informationen flossen in einem solch hohen Tempo, dass ich mit Schreiben kaum nachkam. Anstatt kleiner zu schreiben, um Platz und Zeit zu sparen, wurden die Schwünge meiner Hand immer größer, sodass ich manchmal ein ganzes DIN A 4 Blatt für ein einziges Wort benötigte! Da ich solche Protokolle mit unendlich vielen und zum Teil kaum lesbaren Seiten unmöglich meinen Klienten aushändigen konnte, setzte ich mich also an den PC, um alles fein säuberlich und übersichtlich abzutippen. Das war wirklich sehr aufwendig, aber nach und nach trainierte ich mir eine lesbare und effektive Handschrift an und kann seitdem meinen Klienten Fotokopien meiner schriftlichen Aufzeichnungen zur Verfügung stellen. Bei dem ersten, meist telefonischen Austausch über ein Tiergespräch lade ich meine Klienten ein, ihre Augen zu schließen, sich zurückzulehnen, ihre „Herzensohren" zu öffnen ... und ich lese ihnen das Gespräch mit allen Fragen, Zwischenfragen und Antworten vor. Ein Austausch über den Inhalt folgt jeweils anschließend und später erhalten die Menschen dann die Kopien zum wiederholten Nachlesen.

Mit der beschriebenen Arbeitsweise möchte ich zwischen meinen Klienten und ihren Tiergefährten so viel Nähe wie möglich herstellen. Ich wünsche mir, dass ein Mensch wirklich fühlen kann, dass die Antworten von seinem geliebten Tier stammen. Auch wenn der Mund oder Körper eines Tieres nicht in der Lage ist, sich mit hörbaren Worten für einen Menschen verständlich auszudrücken, so kann es doch die Tierseele – mithilfe der telepathischen Kommunikation. Und wenn der Mensch sich dann im Herzen berühren lässt von den Antworten seines Tieres, dann können wunderbare Dinge geschehen.

„Können" sage ich deshalb, weil meine Arbeitsweise nur eine Form von vielen möglichen ist. Ich glaube, dass jede Tierkommunikatorin und jeder Tierkommunikator eine Besonderheit hat und sein ganz individuelles Vorgehen und seine ganz spezielle Arbeitsweise. Jede Form ist wertvoll und zieht die entsprechenden Klienten an. Mit Klient meine ich Tier und Mensch, auch wenn der Mensch glaubt, er selbst suche mich auf ... und nicht sein Tier.

„Können" sage ich auch deshalb, weil nicht alle Klienten gewillt oder fähig sind, das umzusetzen oder zu verändern, was ihre Tiere in ihren Antworten anregen oder ansprechen und brauchen oder sich wünschen. Nicht immer erfahre ich, was aus Tier und Mensch nach einem Tiergespräch geworden ist. Manchmal habe ich das Gefühl, nachfragen zu dürfen, manchmal nicht ... Doch meistens melden sich die Tierhalter wieder bei mir und ich darf teilhaben an der positiven Entwicklung, am neuen Denken des Menschen, am Frieden der Tiere, an der veränderten Situation und der Erleichterung bis hin zur Genesung und Heilung.

Einstimmung

Wenn alles bereitliegt, was ich für einen telepathischen Kontakt benötige – und meistens arbeite ich mit dem Foto des zu befragenden Tieres – setze ich mich nieder und beginne mit meiner Zentrierung, Einstimmung oder Meditation. Ich suche also die Stille im Außen wie in meinem Innern. Ich konzentriere mich z. B. auf die Flamme der Kerze und nehme einen Kristall, den ich für die telepathische Arbeit programmiert habe, in die Hände. Dann schließe ich die Augen, gehe mit meiner Aufmerksamkeit zu meiner Atmung, erde mich und gebe alle störenden Gedanken und Gefühle in die Erde ab. Nun verbinde ich mich mit der geistigen Welt, mit der allumfassenden Liebe. Ich lasse mich mit Licht und Liebe erfüllen und spüre in mein Herz hinein. Da verweile ich ein wenig und nehme von meinem Herzen aus eine Verbindung mit dem Tier auf. Aus dieser Verbindung, die ich mir zuerst wie eine Linie aus Licht vorstelle, entsteht bald ein mehrdimensionaler Kommunikationsraum. Schließlich bitte ich meine geistigen Helfer und sonstige unterstützende Energien hinzu, um mir und dem Tier zur Seite zu stehen bei dieser Befragung.

In diesem energetischen Kommunikationsraum, mit seiner besonderen Schwingung, kann ich mich nun mit dem Tier austauschen. Das Tier hört und versteht meine innerlich gestellten Fragen und es antwortet so, dass ich es verstehen kann. Natürlich geht das nicht wie in einem Comic, in dem das Tier die Lautsprache des Menschen benutzt. Es ist ein inneres Hören, Sehen und Fühlen. Manchmal vernehme ich ganz klare Worte, Sätze oder Satzfolgen. Manchmal sehe ich auch Bilder oder Abläufe, dann wieder fühle ich Emotionen wie Trauer oder Freude oder ich empfinde plötzlich einen physischen Schmerz irgendwo in meinem Körper. Ich weiß dann, dass es sich auch hierbei um Mitteilungen des Tieres handelt. Mit Nachfragen von meiner Seite versuche ich Bestätigungen zu erhalten oder weitere Einzelheiten zu empfangen. Die in mich eingehenden Bilder, Emotionen und Empfindungen werden ebenfalls – ohne dass ich darüber nachdenken muss – in Worte umformuliert und fließen über meine Hand auf das Papier.

Manchmal stockt der Informationsfluss. Dann muss ich innerlich lauschen und geduldig abwarten – oder die Fülle der Informationen, die auf mich einstürmen, ordnen und sortieren, ohne inhaltlich etwas zu verändern.

Antworten

Die Antworten der Tiere bestehen nicht immer aus klaren und detaillierten Anweisungen, was zu tun oder zu lassen sei, oder aus genauen Beschreibungen, wo es ihnen wehtut oder wo sie sich gerade befinden. Manchmal nehme ich nur Teilinformationen wahr, Bruchstücke, Begriffe ohne offensichtlichen Zusammenhang. Ich tue gut daran, diese nicht zu interpretieren, keine künstlichen Zusammenhänge zu schaffen aus meinem menschlichen Verständnis heraus. Vieles klärt sich im anschließenden Austausch mit den Tierhaltern, Botschaften ohne offensichtlichen Zusammenhang lassen sich einfügen in einen vorhandenen Hintergrund oder einen laufenden Prozess. Ich gestehe, dass ich selbst nach etlichen Berufsjahren und unzähligen Tiergesprächen öfter noch ein Flattern im Bauch spüre, bevor ich zum Hörer greife und die Tierhalter anrufe, um ihnen den Inhalt des Tiergespräches mitzuteilen. Denn manchmal sind die Aussagen der Tiere so unglaublich, so direkt, so persönlich, so weise oder auch so kryptisch.

Und ich erlebe beispielsweise auch solche Situationen: Ein Kater hatte mich richtiggehend geschockt. Nach den ersten Antworten auf Fragen zu seiner Befindlichkeit hörte ich plötzlich „Und jetzt rufst du die Frau an und sagst ihr, dass sie mit diesen Spielchen aufhören soll. Du nimmst kein Honorar und du sagst ihr auch sonst nichts". Können Sie sich mein Bauchweh vorstellen, das sich sofort einstellte? Ich habe mehrere Stunden lang hin und her überlegt – auch, ob ich eine Ausrede erfinden sollte. Vielleicht lag der Fehler auch bei mir? Vielleicht hatte ich mich auch geirrt oder die Wahrnehmung war gestört? Mir auch das zuzugestehen, musste ich übrigens auch erst lernen.

Nach dieser heftigen und langen gedanklichen und emotionalen Auseinandersetzung spürte ich nach und nach wieder deutlicher, wozu ich mich innerlich verpflichtet fühlte, dass ich nämlich, egal, ob ich mich nun blamierte oder zum Affen machte, Dolmetscherin für die Tiere war. Ich hatte zu übersetzen und nicht zu beschönigen, wegzulassen oder hinzuzufügen. Von der Auffassung mancher Kolleginnen, eine Tierkommunikatorin müsse selbst entscheiden, was sie dem Tierhalter übermittelt und was nicht, halte ich überhaupt nichts. Denn damit begebe ich mich in eine Position, in der der Umgang mit Macht schnell ein Machtmissbrauch werden kann. Wie kann ich mir anmaßen zu wissen, was ich jemandem zumuten kann und was nicht? Ich muss hinzufügen, dass es Teil meines vorbereitenden Rituals ist, darum zu bitten, dass alle Informationen – auch Kritik – immer eingebettet sind in die göttliche Liebe. Und dass mir nur mitgeteilt wird, was von den Tierhaltern auch aufgenommen werden kann. Bei besonders heiklen Botschaften „bespreche" ich es mit den Tieren, wie wir die richtigen Worte finden.

Zurück zu der beschriebenen Situation: Nun stand ich also da mit meiner Ethik und meinem Anspruch und musste doch all meinen Mut zusammennehmen, um diese Klientin anrufen zu können. Nachdem ich ihr den Vorwurf ihres Katers mitgeteilt hatte, wurde es erst einmal ganz still am anderen Ende der Leitung. Ich flehte innerlich alle Engel an! Dann sagte die Dame: „Wissen Sie, das ist jetzt wie eine Ohrfeige für mich!" Mein Herz klopfte wild bis durch den Magen hindurch und ich suchte schon nach Worten der Entschuldigung oder einer Erklärung. Nach Sekunden quälender Stille sprach sie jedoch weiter: „... doch er hat recht. Ich wollte Sie testen."

Nun war mir klar, was der Kater mit den „Spielchen" meinte. Die Dame sprach noch weiter, auch über die Hintergründe für diesen Test, und sie bekannte auch, dass sie das bisher ein paarmal mit Menschen gemacht und auch jedes Mal eine Ohrfeige bekommen hatte. Dass jetzt sogar ihr Kater dieses Spielchen durchschaute, hatte sie aber doch sehr erschüttert. Sie entschuldigte sich vielmals bei mir. Und mir fiel eine Zentnerlast von der Seele. Zutiefst dankbar nahm ich diese Lektion in Vertrauen an!

Heilsame Tierbotschaften für Sie

Sie müssen nicht erst krank werden oder so lange warten, bis Ihr Tier Krankheitssymptome zeigt. Finden Sie eine Tierkommunikatorin oder einen Tierkommunikator, der sich ein derartiges telepathisches Gespräch mit Ihrem Tier zutraut. Selbstverständlich sollte das Tier erst einmal gefragt werden, ob es denn überhaupt zu diesem Thema etwas sagen mag oder sich dazu imstande fühlt. Nicht jedes Tier will – oder kann das. Dann sind Fragen möglich wie: „Warum bist du bei mir?" oder „Was darf ich von dir lernen?" oder „Wie soll ich mich in dieser Situation verhalten?" oder „Welchen Rat gibst du mir für diesen oder jenen Schritt?"

Bei solchen Fragen kann es passieren, dass Ihr Tier entweder sehr pauschal antwortet – oder so speziell und mit Worten, die aus dem Mund von Buddha oder Jesus stammen könnten. So hat z. B. meine Katze Purzel auf die Frage, was sie mich lehren möchte, geantwortet: „Ich lehre dich die bedingungslose Liebe!" WOW! Ich war sprachlos – und innerlich lange einfach nur mit dieser Aussage beschäftigt. Um zu erfahren, wie ich es denn anstellen sollte, diese bedingungslose Liebe in meinem Alltag, in meiner Arbeit und wo auch immer zu leben, musste ich zu konkreteren Fragen übergehen, auch zu Fragen, die Purzel mit Ja oder Nein beantworten konnte.

Wenn Sie ein Tier um einen Rat bitten, beschränken Sie sich am besten auf ein klar umrissenes Thema und stellen dazu konkrete Fragen. Auch hier ein Beispiel: Es war während eines Lanzaroteaufenthaltes, bevor Fabulosa bei uns lebte und bevor ich als Hausgast bei Rudi und Angie wohnen konnte. Ich fühlte mich nicht im Reinen mit mir, die Insel erlebte ich dieses Mal gar nicht einladend, obwohl es an äußerlichen Faktoren nichts Auffälliges gab. Doch ich zog mich oft in meine hübsche Ferienwohnung zurück. Ein Foto von Purzel stand auf einem Tischchen neben meinem Bett, und eines Abends überfielen mich eine solche Trauer und ein Heimweh, welche ich so nicht kannte, vor allem nicht, wenn ich auf meiner heißgeliebten Insel Lanzarote war. Ich ging in Kontakt mit Purzel und weinte mich bei ihr aus. Ich fragte sie, ob sie mich auch so vermisste wie ich sie, und ob ich meine Reise abbrechen sollte. Und sie antwortete liebevoll, dass ich den Gedanken an eine frühere Rückreise vergessen sollte und dass ich jetzt endlich die Trauer über die selbstgewählte Isolation wahrnehmen würde. Das sei wichtig, und auch, dass ich mehr auf die Menschen zugehen sollte, meinte sie, und es sei kein Heimweh, und sie vermisste mich auch nicht so wie ich sie vermisste ... Ach, meine weise Katzengefährtin! Vor meiner ersten zweiwöchigen Reise nach Lanzarote antwortete sie übrigens auf die Frage, ob ich sie denn so lange allein lassen könnte – natürlich mit optimaler Versorgung:

Geh, und komm bloß entspannt wieder!

Sie werden selbst erleben – so wie viele meiner Klienten – dass eine Veränderung im Denken nach einem Tiergespräch oder nach dem Rat eines Tieres ganz oft unerwartet leicht geht – einfach zum Staunen schnell und plötzlich. Es wird sich für Sie auch wunderbar oder absolut stimmig anfühlen. Es ist wie ein frischer heftiger Wind, der ein altes Denkmuster aufwirbelt, wegpustet und Platz macht für neue Gedanken, neue Wege. Und Sie werden schnell feststellen, dass auf der geistigen Ebene wirklich alles bereit zu sein scheint für den jeweils neuen Schritt, der immer auch ein Heilungsweg werden kann.

An dieser Stelle möchte ich noch einmal von Nemo erzählen. Meine späteren Freunde Angie und Rudi mit ihren Hunden Nemo und Roxy lernte ich während meines zweiten Lanzaroteaufenthaltes kennen. Während eines Kurses über Tierkommunikation, an dem Angie und Rudi teilnahmen, erzählte ich – eigentlich eher beiläufig – dass ich eine Klientin hätte, die über mich ihr Pferd zu beruflichen Angelegenheit befragen ließ. In einer Pause kamen Rudi und Angie ganz aufgeregt zu mir und Angie bat mich, Nemo über ein mitgebrachtes Foto zu befragen, denn sie hätten gerade ein Problem mit einem Mitarbeiter. Bevor sie das Thema weiter ausführen konnten, bat ich sie um Geduld bis zum Seminarende. Doch plötzlich schossen aus meinem Mund zwei Worte – so schnell und auch ziemlich laut, dass uns allen dreien der Mund offen stehen blieb vor Staunen:

Weg damit!

Nemo hatte durch mich geantwortet, ehe ich ihn fragen konnte, wie ich das normalerweise in einem Tiergespräch mache. Das staunende Schweigen wurde von Rudi unterbrochen, der ganz nüchtern meinte:

Na sag ich doch!

Nach dem Seminar erfuhr ich weitere Einzelheiten zu der Angelegenheit: Schon seit vielen Wochen grübelten Angie und Rudi darüber nach, wie sie am besten vorgehen könnten. Durch diese einfachen zwei Worte von Nemo waren alle Bedenken wie weggewischt. Angie setzte Nemos Rat gleich am folgenden Montag in die Tat um, und sie erzählte, dass sie sich sehr zentriert und stark gefühlt hatte, als sie mit ihrer Bitte an ihren Mitarbeiter herantrat, das bisherige Arbeitsverhältnis nun beenden zu wollen. Sie fand auf Anhieb die richtigen Worte, und ihr Mitarbeiter war noch nicht einmal böse oder verärgert. Es schien geistig alles bereits vorbereitet gewesen zu sein.

Wann und warum auch immer Sie ein Tiergespräch in Erwägung ziehen, auch wenn es vordergründig um ganz praktische Dinge geht oder um Probleme, die anscheinend wirklich nur beim Tier liegen: Seien Sie offen für Unerwartetes. Seien Sie vor allem offen, wenn Sie Fragen stellen zu Bereichen, in denen ein Zusammenhang zwischen dem Problem des Tieres und Ihren eigenen offensichtlich ist. Seien Sie offen für „weltbewegende" Antworten, für Antworten, die Ihre Glaubenssätze auf den Kopf stellen können. Und seien Sie natürlich auch offen, wenn Sie Ihr Tier um Rat zu einem Thema fragen, das Ihnen persönlich sehr am Herzen liegt. Hier gilt eher: Erwarten Sie nichts! Erwarten Sie vor allem nicht eine fertige Lösung oder ein Patentrezept – etwas, das Ihnen angenehm und leicht in der Ausführung oder Umsetzung erscheint. Die Antworten von Tieren sind oft sehr entwaffnend und verblüffend. Ich erlebe demnach auch oft die Überraschung bei meinen Klienten – ganz nach dem Motto: „Ach, das hätte ich jetzt nicht erwartet!" Oder die Antworten implizieren gleich die nächste Frage: „Ja, wie soll das denn gehen? Der hat gut reden!" Manchmal höre ich auch: „Ja, da sagt er was! Das weiß ich tief im Inneren schon lange, doch ich habe mich bisher nicht getraut ... oder ich hab's verdrängt."

Noch ein Beispiel: Eine Frau, die einmal zu mir in die Praxis kam, war sehr eingespannt als Krankenschwester mit unregelmäßigen Schichten und Notrufbereitschaft. Sie hatte kaum Zeit für private Termine. Ihre Katze war schon sehr alt und beide wussten, dass die Tage ihrer Gemeinsamkeit gezählt waren. Die Frau wünschte sich dabei sein zu können, wenn ihre Katze starb. Was entgegnete die Katze?

Werde wieder Herrin deiner Zeit!

Die Frau fing an zu weinen und sagte:

Tja, doch wie soll ich das bloß machen?

Sie hatte nicht den Mut, weiter zu fragen, z. B. „Hast du einen Rat für mich, wie ich das bewerkstelligen soll? Ich bin so gefangen in dieser Mühle ..." Ganz sicher hätte ihre Katze etwas dazu gesagt. Oft sind die Antworten so simpel und einleuchtend, wenn auch für die Menschen oft nicht sofort umsetzbar. Das heißt also, dass ein solches Tiergespräch wirklich nur etwas bewirken kann, wenn der Fragende offen ist: für Veränderungen, für ungewöhnliche Gedanken und praktische Schritte.

Manchmal bekommen meine Klienten von ihren Tieren eine Antwort, für deren vollständige Umsetzung sie eine lange Zeit benötigen, obwohl sie sehr offen sind. Dann sind diese Antworten wie ein Same, der in sie hineingelegt wird, der anfängt zu keimen und langsam und stetig wächst. So geht es den meisten Tierhaltern, die sich an mich wenden. Ihr Tier hat ein Problem, ist krank, verhält sich auffällig ... Sie kommen also mit Fragen an das Tier, die anscheinend nur etwas mit dem Tier zu tun haben, aber sie erhalten Antworten, die den Ball sozusagen wieder an den Menschen zurückspielen. Das hat damit zu tun, dass das Tier im Grunde der Spiegel ist für die eigene Befindlichkeit, die eigenen Gedanken und Gefühle, für Wohlsein oder auch Schmerz im Menschen. Sie spiegeln den Stress und laden dazu ein, die Zeit besser zu managen, sich auch mehr Zeit für sich selbst zu nehmen, um sich zu zentrieren, sich zu fühlen ... Tiere reagieren sofort, wenn der Mensch innerlich nicht in Harmonie ist, d. h. sie gehorchen in solchen Fällen meistens nicht. Sie verhalten sich anders, als es von ihnen erwartet wird.

Je nach Wesen des Tieres können daraus schwerwiegende psychische und damit auch Verhaltensprobleme erwachsen. Viele solcher Beschwerden lassen sich mit einer guten Verhaltenstherapie lösen – dazu finden Sie Literaturempfehlungen im Anhang. Doch manchmal sitzt die Ursache schon tiefer, dann hat sich ein Kummer in das Wesen des Tieres hineingefressen.

Vielleicht denken Sie jetzt auch, dass es dann ja gar nicht nur um das Wohl des Tieres geht, wenn ein Mensch sein Tier zu „eigennützigen" Zwecken befragt. Diesen Gedanken kann ich mehrfach entkräften. Denn einerseits können Sie Ihr Tier nicht dazu zwingen, Ihnen zu antworten. Im Gegenteil, Ihr Tier wird nur antworten in einer Beziehung, die auf Würde, Achtung und Liebe basiert. Und ein weiterer Aspekt ist folgender: Stellen Sie sich bitte vor, Sie haben Wirtschaftsberatung studiert, sitzen in Ihrem tollen Büro, haben sogar schon eine Sekretärin, doch keiner kommt und will Ihren Rat. Sie werden bald sehr frustriert sein, keine Lust auf Fortbildung haben, Sie werden verkümmern, Ihr Wissen, Ihre Weisheit, Ihre Talente und Potenziale vertrocknen, geraten in Vergessenheit und Sie vegetieren irgendwie so vor sich hin. Oder Sie suchen sich einen anderen Job ...

Das mit dem Jobwechsel kann Ihr Hund natürlich nicht. Aber der Rest ist bei ihm ähnlich. Jedes Tier hat Talente und Potenziale, die natürlich auch ihren körperlichen Ausdruck finden können – beispielsweise bei Reitpferden oder Suchhunden. Doch das ist oft nicht alles an Begabungen. Die Tiere bringen ihre besondere Form der Weisheit mit oder sie haben einen meist ungetrübten Zugang zur kosmischen allumfassenden Weisheit. Sie sind medial und empathisch hochbegabt, d. h. sie können unsere Gedanken lesen, unsere Emotionen und Schmerzen fühlen. Sie stehen ganz in der göttlichen, bedingungslosen Liebe und sind zu einer Hingabe fähig, die überwältigend sein kann. Wenn Sie die Talente Ihres Tieres anerkennen und wenn es seine Begabungen oder geistigen Fähigkeiten ausdrücken und mit Ihnen teilen darf, indem Sie es befragen, ist es für Ihr Tier genauso wie für Ihr Kind, dem Sie die Möglichkeit geben, sich durch entsprechende Bildung und kreativen Ausdruck zu entwickeln und zu entfalten, zur großen Freude aller!

Dass die Gelegenheit, sich mitzuteilen, einem Tier sogar eine Sinnhaftigkeit geben oder eine „Entschädigung" sein kann für sein Leben in Gefangenschaft, also in einem Zoo oder ähnlichen Einrichtungen, habe ich mit der Geschichte über die Albino-Tigerpython mit dem Namen Ani verdeutlicht.
Telepathische Kommunikation wissenschaftlich zu erklären haben zum Glück bereits andere Menschen übernommen, so auch meine berühmte Kollegin Amelia Kinkade[7]. Sie bezieht sich u. a. auf Erkenntnisse aus der Quantenphysik. Auch für mich war die Lektüre einiger gut verständlicher Bücher über das Thema – z. B. von Gregg Braden – und das Begreifen der praktischen Konsequenz aus diesen Erkenntnissen für mein Leben jedes Mal neu eine Offenbarung.

Das erste Gespräch

Es gibt bereits viele gute Bücher, die Anleitungen zur telepathischen Kontaktaufnahme mit einem Tier beinhalten. Also dachte ich, dies könnte ich mir hier in diesem Buch sparen. Aber neulich sprach ich mit meiner Freundin Angie über das Voranschreiten des

Projektes. Irgendwann zwischendurch fragte sie mich, ob ich eine Anleitung zur Tierkommunikation schreiben würde. Da ich das gar nicht vorhatte und auch keinen Sinn darin sah – weil es ja schon so viele Bücher darüber gibt – sagte ich „Nein" und führte allerlei Begründungen dafür auf. Darunter auch, dass ich jemandem, der noch keine Erfahrung mit telepathischer Kommunikation hat, nicht versprechen kann, durch eine solche Anleitung wirklich dienliche Informationen, wie ich sie in den vielen Fallbeispielen erwähne, von seinem Tier zu erhalten.

Diese Enttäuschung möchte ich den Lesern dieses Buches gerne ersparen. Andererseits will ich auch kein Geheimnis daraus machen. Und nach dem erfrischenden Argument von Angie, die meinte, dass man vergleichsweise zwar bei ernsthaften Krankheiten einen Arzt konsultieren würde, doch dass eine erste Einleitung sich sozusagen wie ein Kräutertee bei Bauchweh gut in der Hausapotheke machen würde. Und so möchte ich Ihnen nun also eine kleine Einweisung an die Hand geben.

Nutzen Sie diese zunächst am besten, um das friedliche, liebevolle Zusammensein mit Ihrem Tier zu üben und zu praktizieren, in aller Stille und ganz ohne Erwartungen. Die meisten Tiere lieben diese kostbaren Minuten, genießen die stille Zuwendung und die innere Kommunikation. Für Sie ist es zudem eine Übung, mit der Sie Ihre Fähigkeiten der Beobachtung, des Fühlens und der Empfänglichkeit fördern können. Nehmen Sie dann später – wenn Sie sich etwas in dieser Form miteinander eingerichtet haben – die Anleitung für erste einfache Fragen an Ihr Tier oder an Tiere von Freunden oder Bekannten. Diese sicher für jede Leserin und jeden Leser nachvollziehbaren Anleitungen sind wirklich ein guter Einstieg, und ich verwende sie mit Erfolg auch in meinen Basisseminaren. Legen Sie sich etwas zum Schreiben bereit, damit Sie Ihre Wahrnehmungen gleich notieren können.

Stilles Sein mit Ihrem Tier
Wählen Sie für sich und Ihr Tier einen ruhigen geschützten Platz – vorzugsweise zu einer Zeit, in der Ihr Tier üblicherweise gerne ruht. Alles, was Sie und Ihr Tier ablenken könnte wie Telefon, Radio, Fernsehen, Futter oder Spielsachen, sollten Sie ausschalten oder wegstellen. Wenn Sie Ihrem Tier erklären wollen, was Sie vorhaben, reden Sie mit sanfter und zärtlicher Stimme. Dann entspannen Sie sich mit einer kurzen Meditation, Atem- oder Yogaübungen. Nutzen Sie gern auch meditative Musik oder die Töne von Klangschalen. Ihr Tier wird dadurch ebenfalls ruhig und entspannt. Wenn es sich bewegen will, lassen Sie es frei. Sie können Ihre Augen schließen oder auch leicht geöffnet halten. Augenkontakt mit Ihrem Tier ist nicht nötig.

Konzentrieren Sie sich ganz auf Ihr Tier, während Sie versuchen, einen Zustand der liebevollen, zärtlichen Achtsamkeit zu halten. Wenn Ihre Gedanken abschweifen, holen Sie Ihre Aufmerksamkeit immer wieder sanft zurück. Streicheln Sie ihr Tier mit Ihren Blicken, liebkosen Sie es mit Ihrem Atem, bewundern Sie still sein Fell oder andere Details, die Ihnen besonders gefallen. Werden Sie sich der Freude und des Glücks bewusst, die Ihnen durch die Gemeinschaft mit diesem Tier geschenkt werden. Verströmen Sie Ihre Liebe, Ihre Dankbarkeit, Ihre Freude ganz in der Stille, in der Achtsamkeit, in der Hinwendung an dieses Lebewesen.

Nach einigen Minuten der stillen Hingabe können Sie beginnen zu lauschen und zu spüren. Vielleicht will Ihr Tier etwas zurücksenden. Das ist sehr häufig der Fall, muss jedoch nicht sein. Lauschen Sie einfach, bleiben Sie weiterhin in der entspannten Haltung. Es kann einige Minuten dauern, bis Sie etwas wahrnehmen. Haben Sie Geduld, achten Sie auf alles, was in Ihr Bewusstsein rücken will: Vielleicht stellt sich ein Gefühl ein, das sich wie eine Verstärkung Ihrer Liebe zu dem Tier anfühlt und Sie zu Tränen rührt. Vielleicht empfinden Sie Wärme, vielleicht sehen Sie eine Farbe vor Ihrem inneren Auge, nehmen Gerüche wahr, hören Worte oder ganze Sätze, auch ein leichtes Vibrieren ist möglich. Überraschende Bilder oder Eindrücke können ebenfalls Mitteilungen Ihres Tieres sein.

Notieren Sie alles und verwerfen Sie solche ungewöhnlichen Wahrnehmungen nicht als verrückt oder eingebildet. Das sofortige Aufschreiben ist dienlich, denn so hat Ihr Verstand keine Gelegenheit, das Wahrgenommene zu interpretieren und zu zensieren und damit zu verändern. Denn dabei können wertvolle Hinweise verloren gehen oder der eigenen Beurteilung zum Opfer fallen.

Beenden Sie dieses stille Sein mit Ihrem Tier mit einem Gefühl von freudiger Dankbarkeit, mit Zärtlichkeit in Ihren Gedanken und Ihrem Empfinden. Bewegen Sie langsam Ihre Finger und Zehen, vielleicht spüren Sie auch das Bedürfnis, sich zu strecken und zu gähnen. Wenn Sie das Gefühl haben, Ihr Tier möchte noch gerne in der Ruhe verweilen, entfernen Sie sich langsam und leise aus dem Zimmer.

Die tiefere Kommunikation mit Fragen

Gehen Sie in den ersten Vorbereitungen so vor wie bei dem „stillen Sein". Wenn Sie Ihrem Tier erklären wollen, was Sie vorhaben, reden Sie zu ihm mit sanfter und zärtlicher Stimme. Legen Sie sich Schreibzeug bereit. Dann entspannen Sie sich mit Ihrer Lieblingsübung, meditativen Klängen oder was immer Ihnen guttut. Ihr Tier kommt so ebenfalls zur Ruhe, und wenn es sich bewegen will, lassen Sie es gewähren.

Setzen Sie sich möglichst bequem und aufrecht und achten Sie darauf, dass Ihre Fußsohlen ganz mit dem Boden in Kontakt sind. Sie halten Ihre Augen geschlossen oder auch leicht geöffnet. Augenkontakt mit Ihrem Tier ist keine Voraussetzung. Nehmen Sie Ihren Körper über Ihre Atmung wahr und atmen Sie bewusst und langsam tief ein und aus. Ihre Hände liegen entspannt auf Ihrem Schoß.

Stellen Sie sich vor, wie aus Ihren Fußsohlen kleine Wurzeln sprießen, die in die Erde drängen und immer kräftiger werden. Diese Wurzeln geben Ihnen Halt und Erdung für die folgende telepathische Kommunikation. Dann visualisieren Sie ein klares Licht etwa 40 cm über Ihrem Scheitel, und ein feiner Lichtkanal führt von dort durch Ihren Scheitel hindurch Ihre Wirbelsäule hinab bis in Ihr Herz. Nehmen Sie sich genügend Zeit, Ihr Herz ganz zu spüren. Vielleicht nehmen Sie das Klopfen wahr, spüren die Wärme und den Platz, den es in Ihrem Brustkorb einnimmt. Lassen Sie über den feinen Lichtkanal Licht in Ihr Herz hineinfließen, bis es strahlend hell in allen Kammern wird. Visualisieren Sie eine Öffnung an der Vorderseite Ihres Herzens. Das kann ein Fenster sein, eine Tür oder ein Tor. Und aus dieser Öffnung tritt ein besonders heller Lichtstrahl aus. Mithilfe dieses Lichtstrahls nehmen Sie jetzt von Herz zu Herz Verbindung mit Ihrem Tier auf.

Drücken Sie dem Tier gegenüber Ihre Freude und Ihren Dank aus, dass Sie mit ihm kommunizieren dürfen. Und fragen Sie das Tier, ob der Zeitpunkt gut ist und ob es Lust hat, auf Ihre Fragen zu antworten. Normalerweise gibt es eine positive Reaktion. Vielleicht sehen Sie das Tier innerlich mit dem Kopf nicken oder nehmen ein starkes Gefühl wahr. Manche Menschen müssen sogar weinen, wenn sie in Herzenskontakt mit einem Tier gekommen sind.

Wenn Sie meinen, dass das Tier in irgendeiner positiven Art und Weise geantwortet hat, vertrauen Sie darauf. Bitten Sie das Tier, an seinen Gefühlen und Gedanken teilhaben zu dürfen, auch wenn es den Raum verlassen möchte. Dann stellen Sie Ihre Fragen aus dem Herzen heraus. Fassen Sie dazu einen ganz klaren Gedanken und stellen Sie sich vor, wie er von Ihrem Herzen zum

Herzen des Tieres übertragen wird. Dann warten Sie in entspannter, empfänglicher Haltung ab.

… Lauschen Sie! …

Es gibt verschiedene Möglichkeiten, wie die Botschaften eines Tieres übertragen werden können: Das können Eindrücke, Farben oder Bilder sein, Gefühle, Worte und ganze Sätze, auch körperliche Empfindungen können auftauchen. Oder Sie wissen plötzlich etwas, das ähnlich einem Gedanken in Ihr Bewusstsein springt.

Wenn Sie Antworten auf Ihre Fragen erhalten haben, bedanken Sie sich bei dem Tier dafür und notieren Sie die Antworten und Wahrnehmungen möglichst sofort. Wenn Sie unsicher sind, können Sie auch noch einmal nachfragen. Ansonsten vertrauen Sie sich und Ihren Empfindungen.

Wenn Sie den telepathischen Kontakt beenden möchten, teilen Sie dies dem Tier mit und danken ihm für sein Vertrauen und seine Mitteilungen. Visualisieren Sie dann, wie Sie den Lichtstrahl zurücknehmen und wie Sie Ihre Herzöffnung wieder sanft schließen. Nehmen Sie ein paar tiefe Atemzüge und spüren Sie nach, bis Sie mit Ihrer Aufmerksamkeit wieder ganz in Ihrem eigenen Körper angekommen sind.

Teil IV

„Wir brauchen für Tiere keine neue Moral. Wir müssen lediglich aufhören, Tiere willkürlich aus der vorhandenen Moral auszuschließen."

Dr. Helmut F. Kaplan

Tierkommunikation im Alltag

Praktische Hinweise und Einsatzmöglichkeiten

Dadurch, dass wir dank der telepathischen Tierkommunikation die Gedanken und Gefühle von Tieren wahrnehmen können, ist es möglich, dass wir bessere Bedingungen für das Tier schaffen. Oft sind es Kleinigkeiten, die das Wohlbefinden eines Tieres wesentlich verbessern.

Wir können auch die Hintergründe von auffälligem Tierverhalten verstehen lernen, denn das Tier greift zu diesen Mitteln, um seine Menschen auf etwas aufmerksam zu machen, das ihnen von allein nicht klar wird. Wenn Menschen nicht in der Lage sind zu verstehen, warum ihre Katze neben das Katzenklo pinkelt, ihr Hund sich bei ganz bestimmten Personen ungewöhnlich aufregt, ihr Papagei beginnt, sich die Federn auszurupfen, ihr Pferd beim Reiten manchmal plötzlich stehenbleibt … dann kann die telepathische Tierkommunikation tiefer ergründen, was es damit auf sich hat und was die Tiere wirklich bewegt.

Wir können auch das Verhalten von Tieren untereinander besser verstehen, sodass wir nicht allein auf unsere Interpretationen angewiesen sind, die meist von menschlichen Beweggründen geprägt sind. Damit können wir also Missverständnisse ausräumen.

Es ist möglich, Vertrauen aufzubauen oder wiederherzustellen – was bei Tieren mit dramatischer oder ungewisser Vergangenheit ganz wichtig ist, aber auch bei Tieren in oder aus Tierheimen oder nach einem Besitzerwechsel. Die Folgen von traumatischen Erlebnissen wie z. B. Unfällen oder der Verlust der Bezugsperson werden über das Tiergespräch oft gut verarbeitet und der

Heilungsprozess unterstützt. Hinweise auf Krankheiten können frühzeitig erkannt und die Chancen einer Heilung wesentlich verbessert werden.

Tierkommunikation kann auch heißen – vor allem diese Möglichkeit habe ich in diesem Buch hervorgehoben – dass ein Tier uns einen Rat oder einen wichtigen Hinweis gibt, so wie meine Katze Maja – und viele andere Tiere, deren Botschaften heilsame Impulse für ihre Menschen waren und immer noch sind.

Manche Menschen möchten von ihren Tieren gerne wissen, warum gerade sie mit ihnen zusammengekommen sind. Sie interessieren sich also für die spirituellen Hintergründe und dafür, welche Aufgaben ihre Tiere in ihrem gemeinsamen Leben übernommen haben. Durch solche Fragen kann auch vermieden werden, dass das Tier körperliche Symptome entwickeln oder störendes Verhalten an den Tag legen muss, um seinen Menschen für seine Botschaft wach zu machen.

In einer solchen Mensch-Tier-Beziehung ist es den Menschen meist auch ein großes Anliegen, nicht nur auf die physischen Bedürfnisse ihrer Tiere zu achten, sondern auch auf die emotionalen und geistigen. Sie beziehen ihre Tiere in spirituelle Praktiken und Meditationen mit ein. Es ist erstaunlich und oft sehr erfrischend, was die Tiere hierzu mitteilen wollen und welche Anregungen sie geben können.

Es ist außerdem auch möglich, dass ein Tier uns einen Wunsch oder eine Bitte erfüllt und sein Verhalten freiwillig ändert, wenn es von uns die entsprechenden Bilder oder Botschaften erhält. Diese Botschaften müssen eindeutig sein und innere Bilder von dem enthalten, was wir erreichen möchten, und nicht davon, was das Tier nicht tun sollte.

Ein Beispiel: Ein Hund liegt gerne auf dem Sofa, die Menschen wollen das jedoch nicht. Der Hund hat gelernt, auf den Befehl: „Runter!" vom Sofa zu springen. Doch während der Mensch das laut sagt, denkt er womöglich: *Ich will einfach nicht, dass der Hund auf dem Sofa liegt. Doch wetten, dass er wieder hochspringt, sobald ich den Raum verlassen habe?* Und genau das macht der Hund auch, denn der Mensch sendet ihm eine zweideutige Nachricht – einmal mit dem Wort „Runter!" und gleichzeitig mit der mentalen Vorstellung davon, wie der Hund wieder auf dem Sofa liegt – ein Bild, das häufig sehr viel stärker wirkt als der verbale Befehl.

Die Tierkommunikation sollte kein Ersatz für eine tierärztliche oder heilpraktische Untersuchung oder Behandlung sein, im besten Falle jedoch ist sie eine sinnvolle und wichtige Ergänzung oder Brücke. Die Tierkommunikation ist auch keine eigentliche Therapie, obwohl sich durch das Tiergespräch und den anschließenden Austausch mit den Tierhaltern die Probleme oft schnell und leicht – fast von alleine – lösen. Man könnte die Tierkommunikation somit als Gesprächstherapie bezeichnen.

Herausforderungen und Grenzen

Diese Grenzen sind vermutlich keine feststehenden, denn jede Kollegin oder jeder Kollege wird sich mit anderen Herausforderungen konfrontiert sehen und dadurch ganz persönliche Grenzen erleben. Es gibt Kolleginnen, die können sehr gut körperliche Probleme bei einem Tier aufspüren, andere haben eine bessere Antenne für emotionale Themen und wieder andere sind besonders empfänglich für die spirituellen Hintergründe und Botschaften. Dass wir aber die Tiere mithilfe der Tierkommunikation nicht manipulieren können, dass wir sie nicht zu einem bestimmten Verhalten überreden oder zwingen können, da stimmen mir sicher alle Kolleginnen und Kollegen zu.

Ich habe auch erlebt, dass es für mich sehr schwierig bis unmöglich war, eine Antwort von einem Tier zu erhalten, wenn sich die fragende Person davon einen egoistischen Vorteil erhoffte. An früherer Stelle berichtete ich von einer Klientin, die mich prüfen oder testen wollte und in einer egoistischen Weise das Tier und mich – als die Tierkommunikatorin – für ihre Ziele benutzte. Das Tier wusste oder spürte das genau und weigerte sich, eine Auskunft zu geben.

An Grenzen stoße ich auch, wenn ich Tiere von Menschen befragen soll, die ich bereits ziemlich gut kenne. Wie in diesem Fall: Über mehrere Jahre hindurch hatte ich die beiden Katzen eines befreundeten Paares immer wieder befragt und dienliche Hinweise erhalten. Doch irgendwann tauchten Bedenken in mir auf und eine der beiden Katzen bestätigte, was ich schon ahnte: Es war Zeit für einen Wechsel zu einer Kollegin. Denn ich wusste zu viel Persönliches über meine Freunde – natürlicherweise. Ich kannte ihre Stärken, Schwächen und aktuellen Probleme. Ich hätte also das Verhalten oder die Symptome der Katzen allein mithilfe meines psychologischen Halbwissens interpretieren können.

Ich war also befangen, und das umso mehr, da ich spürte, dass es nun um sehr persönliche Botschaften der Tiere an ihre Menschenfreunde ging. Ich wollte vermeiden, dass Interpretationen aufgrund meines Wissens die Botschaften der Tiere blockierten oder verfälschten. Meine Freunde haben meine Argumente sehr gut verstanden und konsultieren seitdem eine Kollegin.

Vor vielen Jahren habe ich mich eine Zeit lang mit Tarot beschäftigt. Manchmal allerdings auf eigenwillige Art, denn wenn mir die Deutung einer Kartenkombination nicht passte, legte ich eine weitere und dann noch eine weitere, und zwar so lange, bis mir die Deutung behagte. Diese Deutung hatte natürlich keinen wirklichen Wert mehr für mich. Und bald kam auch das Kommando meiner geistigen Führung, ich solle das Kartenset verbrennen und für die nächsten Jahre die Finger vom Tarot lassen. Mit dieser Episode aus den bewussten Anfängen meiner Lehrzeit möchte ich darauf hinweisen, dass es selten oder nie etwas bringt, ein Tier oft hintereinander zu ein- und demselben Thema zu befragen. Nicht das Tier, sondern der eigene Verstand wird irgendwann die Antworten liefern, die man gerne hören möchte.

Wenn Tiere weglaufen oder vermisst werden, sind Aufregung und Sorge bei den Menschen sehr groß und die Emotionen oft heftig. Als Tierkommunikatorin hier ganz ruhig zu bleiben, sich nicht drängen und von der Sorge anstecken zu lassen, ist eine große Herausforderung. Mit weggelaufenen Tieren zu kommunizieren lehnen viele TierkommunikatorInnen ab, was ich gut verstehen kann. Ich selbst spüre jedes Mal eine fast ungreifbare Vielschichtigkeit der jeweiligen Situation. Die Kommunikation wird durch Ängste, Erwartungshaltungen und Erfolgsdruck gestört. Manchmal höre ich auch innerlich nur ein lautes „NEIN" von dem weggelaufenen Tier. Nein, keine Kommunikation, kein Abgeholt- oder Gefunden-werden-wollen!

Ein Kater, der seinem Frauchen eine liebevolle, doch sehr ernst gemeinte Lektion durch sein Verschwinden erteilen wollte, riet mir – während die Klientin gleichzeitig drei mediale Menschen mit der Suche beauftragt hatte – die alle mit ähnlichen Botschaften des Katers an der Nase herum geführt wurden:

Lass die Finger davon, das ist ein trostloses Unterfangen ...
Es gibt immer einen Grund, warum wir weglaufen. Und wenn es so einfach wäre, diesen Grund zu nennen und die Menschen

würden gleich alles ändern, sähe das anders aus. Doch die Menschen wollen so eben mal ja gar nichts ändern ... oder sie brauchen Zeit, um zu erkennen, um umzudenken ...

Meistens lasse ich mich doch auf dieses „trostlose Unterfangen" ein, wenn die Menschen bereit sind, auch unbequeme Botschaften zu hören und etwas in ihrem Leben wirklich ändern wollen. Doch zuerst lade ich sie ein, von Herz zu Herz Verbindung aufzunehmen mit ihrem Tier, lade sie ein, ihre Liebe fließen zu lassen, ihre Dankbarkeit auszudrücken, ohne zu fordern, ohne zu klagen ...

Dann besprechen wir die weiteren Schritte, je nach Situation, und ich nehme selbst natürlich auch Kontakt mit dem Tier auf.

Meine Erfahrung hat gezeigt, dass diese Herzensverbindung, zusammen mit einem telepathischen Austausch, Wunder bewirken können. Das heißt in solchen Fällen, dass das Tier recht schnell wieder zurückkehrt und nun bereit ist für einen Neubeginn. Das kann sein, geschieht jedoch nicht immer ... Manchmal warten die Tiere sogar so lange, bis sie für tot erklärt werden, oder sie teilen in der Tierkommunikation mit, sie seien tot, weil sie damit etwas Bestimmtes, z. B. ein Umdenken bei ihren Menschen erreichen wollen. Und dann stehen sie eines Tages putzmunter wieder vor der Tür, fordern Futter und legen sich anschließend zu einem ausgedehnten Nickerchen auf ihren Lieblingsplatz.

In solchen Fällen nicht an mir und meinen Fähigkeiten zu zweifeln und meine Wahrnehmung nicht als „falsch" zu bewerten, ist eine riesengroße Herausforderung für mich und ganz bestimmt nicht nur für mich, denn auch Penelope Smith und Amelia Kinkade, die beiden berühmten und erfahrenen US-Tierkommunikatorinnen, berichten von solchen Fällen.

Manchmal verläuft es aber auch glücklicher. Da gab es einmal einen Kater, der seit mehreren Tagen vermisst wurde. Als ich ihn befragte, sagte er unter anderem, die Streitereien wären für ihn „zum Weglaufen gewesen", doch er sei ganz in der Nähe und würde beobachten. Im anschließenden Austausch mit der Klientin erfuhr ich, dass sie und ihr Mann eine Ehekrise hatten und sich tatsächlich oft stritten. Ich durfte dem Kater ausrichten, dass sich beide um eine Lösung bemühten und eine Eheberatung in Anspruch nehmen wollten. Sie bekamen schon für den übernächsten Tag einen Beratungstermin, und als sie von dem Termin nach Hause zurückkehrten, saß der Kater vor der Haustür …

In einem anderen Fall ging es ebenfalls um Eheprobleme. Am Tag bevor die Ehefrau ihrem Mann und ihrer Familie ihre Entscheidung mitteilen wollte, dass sie die Familie verlassen würde, verschwand ihr Kater. Ich wusste nichts von der Krisensituation in der Familie und konnte mit der Botschaft des Katers:

Ich bin gegangen, damit du endlich gehen kannst …

erst einmal gar nichts anfangen. Etliche Tage später erst klärte mich die Klientin jedoch auf, aber der Kater kam nie mehr zurück, er wurde auch nie gefunden, trotz intensiver Suche.

Eine Grenze, die ich mir selbst gesteckt habe und die ich auch anderen empfehle, ist folgende: Fragen Sie ein Tier nie nach einem anderen Menschen aus, ohne dessen Wissen oder Zustimmung. Das Tier wird vermutlich aus Diskretion schweigen – dafür wird Ihnen Ihre Fantasie vermutlich eine Geschichte präsentieren, und das dient niemandem …

Fragen Sie ein Tier auch nicht nach seinen Bedürfnissen, wenn Sie nicht in der Lage sind, etwas für das Tier zu tun. Sie können allerdings jederzeit fragen oder fragen lassen, was Sie selbst für ein Tier tun können, auch wenn es nicht Ihr Tiergefährte ist. Kühe, Pferde, Ziegen und Schafe auf der Weide befrage ich oft auf diese

Weise und biete ihnen meinen Liebesstrom und meine Dankbarkeit für ihr Sein an. Dies nehmen sie sehr gerne an. Wenn Sie sich mit Bachblüten und Homöopathie auskennen und es sich zutrauen, können Sie auch die Qualität einer oder mehrerer Bachblüten oder eines homöopathischen Mittels mental übermitteln. Zum Beispiel wenn Sie bei einem Tier eine unbehandelte Wunde entdecken, wenn es humpelt oder Tierkinder zu versorgen hat und geschwächt aussieht. Solche Naturheilmittel mental zu „verabreichen", ist keine Manipulation und auch kein Eingreifen, sondern ein Angebot. Die Tierseele hat die Freiheit, dieses Angebot anzunehmen oder auch nicht.

Vom Segen und Segnen

Ein Segen ist ein wunderbarer Quell der Heilung, denn ein Segen ist eine Förderung des Glücks, des Wohlbefindens oder auch eine schützende Fürsprache, ein „gut Zureden", und drückt Hoffnung und Zuversicht auf innere und äußere Heilung aus.

Daher ist das Segnen eine berührende Möglichkeit, die Sie jederzeit einsetzen können, besonders dann, wenn Sie sich angesichts von Not oder Leid ohnmächtig fühlen, wenn Sie aktiv nicht eingreifen oder helfen können.

Das Segnen bewertet nicht und bedeutet nicht, etwas gut zu heißen, was nicht gut ist. Ich kann alles und jeden segnen, was und wer mir auch begegnet. Ich segne nicht nur das hilfsbedürftige, kranke Wesen oder das Opfer, sondern auch den Täter. Ich segne seine Fähigkeit des Mitfühlens oder der Erkenntnis, dass eines seiner Tiere Hilfe braucht. Ich segne den Menschen, der gerade bewusst ein Insekt zertritt, ich segne seine Liebesfähigkeit, sein mitfühlendes Wesen. Segnen lässt die heilsame Energie meiner

Aufmerksamkeit für etwas folgen, Segnen lässt frei, wie diese Energie genutzt werden oder wirken möchte.

Wenn ich Mails mit Tiernotrufen erhalte, segne ich zuallererst – anstatt gleich eine Petition gegen jemanden oder gegen etwas zu unterzeichnen – die betroffenen Tiere, diejenigen Menschen, die ihr Leid wie auch immer verursacht haben, ich segne die Helfer und ich segne mich in meiner Anteilnahme.

Hinweise auf Autoren, die mich mit ihren Büchern über das Segnen sehr inspiriert haben, finden Sie im Anhang.

Sind Tiere immer gesprächsbereit und sagen sie immer die Wahrheit?

Ich habe noch kein Tier erlebt, das nicht bereit war zu antworten. Ja, es gab wortkarge oder sogar misstrauische Tiere. Dann brauchte es in dem telepathischen Kontakt etwas Geduld und Zeit von meiner Seite, bis diese Tiere Vertrauen fassen und spüren konnten, dass da jemand wirklich um ihr Wohlergehen besorgt war. Es gab jedoch auch Plaudertaschen, die gar nicht aufhören wollten zu erzählen. Die meisten Tiere haben sich sehr gefreut, auf diese Weise angesprochen zu werden, und waren ihren Menschen dankbar dafür. Manche bewunderten auch den Mut ihrer Menschen, sich auf eine solche Kommunikation einzulassen, gerade wenn es um Notsituationen, tief greifende Themen und grundlegende Veränderungen ging.

Wenn Sie sich die Frage stellen, ob Tiere immer die Wahrheit sagen, stelle ich eine Gegenfrage: Was ist Wahrheit? Gibt es die eine Wahrheit?

Als Erstes fällt mir dazu eine bestimmte Stelle in einem Roman ein – leider kann ich mich weder an den Titel noch an den Autor erinnern. Ein frisch verlobtes Paar fährt mit dem Zug irgendwohin. Die beiden sitzen sich an den Fensterplätzen gegenüber und beobachten, wie die Landschaft mit den frisch gepflügten Äckern an ihnen vorbeifliegt, zudem schneit es, und die Flocken sausen waagerecht vor dem Fenster vorüber. Da sagt der Mann zu seiner Verlobten: *Schau doch mal, wie schön und metallisch die braunen Schollen glänzen, als wäre der Bauer mit dem Pflug gerade erst durchgegangen!* Die Verlobte wundert sich über diese Aussage, denn sie sieht von ihrem Platz aus eine etwas wellige Landschaft mit einem reinweißen Überzug aus Neuschnee und kann kaum etwas Braunes dazwischen entdecken. Mit der Zeit fangen sie einen Streit darüber an, wer wohl recht hat. Keiner der beiden ist bereit, von seiner Wahrnehmung und seiner Wahrheit abzurücken und den Blickwinkel des anderen einzunehmen. Beide empfinden jeweils das als die Wahrheit, was sie sehen können.

Eine Klientin schrieb mir einige Zeit nach einem Tiergespräch, in dem ihr Tier einen ihrer Charakterzüge angesprochen hatte, der nicht sehr förderlich für ihre Hund-Mensch-Beziehung war und damit auch das Selbstbild bzw. die Wahrheit der Klientin infrage stellte, diese Zeilen:

Das Gespräch zwischen Ihnen und meiner Hündin Makita hat mich zutiefst berührt. Das ging mir richtig nahe, mein Herz klopfte wild, als ich die Worte meiner vierbeinigen Freundin hörte. Aber erst nach einigen Tagen war ich in der Lage, richtig ehrlich damit umzugehen, doch ich war entschlossen, mich zu ändern: Ich glaubte immer von mir, ein positiver, fröhlicher und offener Mensch zu sein, doch das war nur teilweise die Wahrheit. Ich musste mir zugestehen, wie ich im Stillen doch sehr oft jammerte,

> *wie viel Unsicherheiten und Ängste ich in mir habe … Seither gehe ich etwas leichter und aufrechter durchs Leben. Wenn ich unzufrieden bin oder mich etwas ärgert, versuche ich, das gleich zu lösen, und trage es nicht ewig mit mir herum. Das gelingt mir ehrlicherweise nicht immer, aber ich erinnere mich stets an das Gespräch mit Makita und dann gelingt mir eine innere Aufrichtung gleich viel besser. Ich bin Makita so dankbar!*

Das heißt also, dass Wahrheit erst einmal eine Sache der Wahrnehmung ist, eine Sache des Standpunktes, des Blickwinkels und der Interpretation. Und dass die Wahrnehmung noch lange nicht „die" Wahrheit bedeutet. Wir Menschen mit unserer wunderbaren und doch begrenzten Wahrnehmungsfähigkeit nehmen *das* wahr und *für* wahr, was unsere Sinnesorgane uns melden und was von unseren Gehirnen mit ihren persönlichen Erfahrungen verbunden und bewertet wird. Sie und ich wissen, dass dabei sehr verschiedene Ansichten von ein und derselben Sache herauskommen können. Dabei geht es nicht darum, dass ein Mensch absichtlich etwas anderes sagt, also dass er lügt.

Ich hatte noch nie das Gefühl, von einem Tier angelogen zu werden. Ich bin höflichen Tieren begegnet, die sich sehr vorsichtig ausdrückten und nur ganz zarte Andeutungen machten, in der Hoffnung, dass ihre Menschen diese verstehen würden, ohne dass sie mir als Übersetzerin intime Details mitteilen mussten. Ich habe allerdings schon erlebt, dass die Botschaften der Tiere nicht richtig verstanden und das von den Menschen Wahrgenommene und von der Fantasie Hinzugefügte dennoch als Wahrheit weitergegeben wurde.

Und ich hatte telepathisch mit vermissten Tieren zu tun, die sagten, sie wären gestorben. Doch wenige Tage später tauchten sie unverhofft wieder auf. Auch hier hatte ich nicht das Gefühl, dass die Tiere die Unwahrheit sagten, sondern eher meinten: *Für dich bin ich gerade gestorben* – so wie wir Menschen es manchmal ausdrücken, wenn wir von einem Menschen enttäuscht wurden und mit ihm nichts mehr zu tun haben wollen – ... *und ich hoffe, du erkennst jetzt, wo ich nicht (mehr) da bin, worauf es in deinem Leben wirklich ankommt, und verstehst, was ich dir mit meinem Fernbleiben sagen will.* So oder ähnlich lauten diese Botschaften.

Tiere sehen eine Sache oft mit ganz anderen Augen oder aus einem anderen Blickwinkel. Diese Perspektive ist nicht falsch, sondern ergänzend, kann sehr erfrischend und aufschlussreich sein oder zeigt eben die andere Seite der Medaille – wie in der Geschichte vom zugfahrenden Paar.

Einmal führte ich eine Kommunikation mit einem Hund, der Türrahmen zerbiss, wenn man ihn alleine zu Hause ließ. Er lebte bei einem Paar und die Frau hatte mich um Hilfe gebeten. Sie konnte sich angeblich überhaupt nicht erklären, warum ihr Hund sich so verhielt. Die Kommunikation verlief schleppend, ich spürte sehr viel ängstliche Zurückhaltung bei dem Tier und versuchte, ein Vertrauen aufzubauen.

Doch plötzlich tauchte für den Bruchteil einer Sekunde das ganz klare Bild in mir auf, wie dieser Hund mit Füßen getreten wurde ... Ich hätte es auch übersehen können, so flüchtig war es. Es kam mir vor, als ob dieser Hund sich nicht traute, die Wahrheit zu sagen, doch seine Not teilte sich mir dennoch über dieses Bild mit. Als ich dies im anschließenden Austausch mit der Klientin ganz vorsichtig ansprach, brach die Frau in Tränen aus und gestand, dass ihr Partner das tun würde, dass er den Hund gar nicht haben wollte und dass sie auch Angst hätte, den Hund weggeben zu müssen.

Es war also nicht die Angst vor dem Alleinsein bei diesem Hund, die ihn Dinge zerstören ließ, sondern großer Stress aufgrund dieser unglücklichen Familiensituation. Ich weiß leider nicht, ob und welche Konsequenzen die Klientin nach unserem Gespräch daraus gezogen hat.

Wenn ich als Tierkommunikatorin darum bemüht bin, meinen telepathischen Kanal zu pflegen, sauber zu halten, Seelenhygiene vorn anstelle, meinen Lebensstil entsprechend und übereinstimmend führe mit dem, was ich ethisch verantworten möchte, und mich vor einem telepathischen Kontakt so gut wie möglich vorbereite, dann darf ich darauf vertrauen, bestmöglich wahrzunehmen, was die Tiere mir mitteilen wollen. Ob diese Wahrnehmung nun die Wahrheit ist, die alles beinhaltet, oder ob es sich nur um einen kleinen Ausschnitt davon handelt oder sogar nur um eine Andeutung davon, kann ich nicht mit letzter Bestimmtheit sagen.

Zu behaupten, dass die eigene Wahrnehmung die absolute Wahrheit trifft, finde ich vermessen und überheblich. Nur an der Reaktion der Tierhalter oder menschlichen Gefährten – daran, ob sie in Resonanz gehen können mit den Botschaften ihrer Tiere und was sie davon bestätigen können – und daran, ob sich anschließend etwas zum Positiven verändert, kann ich erkennen, ob ich etwas „richtig" wahrgenommen habe. Solche positiven Erfahrungen geben mir die Legitimation, meinen Beruf als Tierkommunikatorin auch weiterhin auszuüben und immer wieder den Mut aufzubringen, mich für meine telepathische Wahrnehmung zu öffnen – um dann zu offenbaren, was meine Wahrheit ist, also was ich „für Wahr genommen" habe.

Nach-Wort

Das Gedicht von Kater Sammy, das den Auftakt zu diesem Buch bildet, wurde mir, Sammys Menschengefährtin Susanne und Ihnen allen während eines Tierkommunikationskurses im Februar 2014 geschenkt. Susanne, die als Teilnehmerin gekommen war, legte die mitgebrachten Fotos ihrer Tiere vor sich hin, und ich leitete die anderen Teilnehmer zu einem ersten bewussten telepathischen Kontakt an. Das Foto mit Sammys schwarz-weißem Gesicht zog mich magisch an. Während die anderen mit den Übungsfragen arbeiteten, fragte ich Sammy, ob er mir etwas mitteilen wolle. Und dann flossen seine Worte über meine Hand und den Stift auf das Papier, genau so, wie sie am Anfang dieses Buches stehen. Es dauerte nur wenige Minuten. Ich musste danach nichts korrigieren oder ändern. So, wie es war, war es perfekt.

Wenige Wochen später hatte ich einige Freunde zu Besuch, u. a. auch die Liedermacherin Jutta König. Irgendwann spürte ich den Impuls, meinen Gästen das Gedicht von Sammy vorzulesen. Alle Zuhörer waren sehr berührt, und Jutta fragte mich, ob sie Sammys Worte vertonen dürfe. Ich willigte nur zu gerne ein. Kurze Zeit später schickte mir Jutta eine Probeaufnahme ihrer Komposition. Schon bei den ersten Akkorden bekam ich eine Gänsehaut, ich fand Juttas Vertonung wunderschön. Doch ich wollte auch Sammy dazu befragen. Also besuchte ich kurz vor Fertigstellung dieses Buches – am 1. Mai 2014 – Sammy und Susanne, um ihnen diese erste Version vorzuspielen.

Sammy versteckte sich nicht gleich, als ich die Wohnung betrat, obwohl er das normalerweise tat, wenn Besuch eintraf, denn er sei sehr scheu, wie Susanne mir berichtete. Als ich schließlich meinen Laptop aufgebaut hatte und die Komposition abspielen wollte, war Sammy dann doch verschwunden. Susanne schaute auf dem

Hof nach ihm, doch da war er nicht. Ich hatte das Gefühl, dass er noch in der Nähe war, und machte einfach weiter. Und ich bekam Kontakt zu ihm:

> *Sammy: Ich muss weinen, deshalb verstecke ich mich, damit es niemand sieht, so sehr beglückt es mich, was da passiert … und das mir!*
> *IRF: Ja, ich muss auch manchmal weinen, mit und ohne Juttas Töne, so sehr berühren mich deine Worte, immer wieder.*

Nach einer Weile des Lauschens:

> *Sammy: Ich bin auch so froh, dass du bereit warst für diese Worte, die über mich aus dem ALL-EINS kamen. Es sind ja nicht nur die Katzenherzen gemeint, es geht um die Herzen aller Lebewesen, die noch mit dem ALL-EINS verbunden sind, also um alle Tiere und auch um die Herzen von Pflanzen und Steinen. Wir alle erinnern euch an das, was ihr oder die meisten Menschen verloren haben.*
> *IRF: Vielen Dank, es sind schon einige Menschenherzen berührt worden von deinen Worten … Sie werden auch den Auftakt bilden in meinem Buch, das bald erscheinen wird. Dann werden deine Worte noch viel mehr Menschen zugänglich werden.*
> *Sammy: Danke, das ist auch ein großes Geschenk für mich.*

Nach einer kurzen Pause und dem erneuten Abspielen von Juttas Vertonung:

> *IRF: Hast du die Melodie gehört? Und möchtest du etwas dazu sagen?*
> *Sammy: Es ist wunderschön, zum Weinen schön!*

Anschließend gab Sammy mir noch ein paar sachliche Hinweise und Anregungen für Jutta mit. Jutta verschob daraufhin den für die Folgewoche geplanten Aufnahmetermin im Studio, damit sie Sammys Anregungen noch umsetzen konnte. Auf meiner Homepage erfahren Sie Näheres über das Ergebnis. Ich freue mich, Sie dort zu begrüßen.

Es ist für mich und das Buch noch wichtig zu erwähnen, dass ich im Reinen mit den Erlebnissen meiner Kindheit und Jugend bin. Ich kann voller Liebe und befreit an meine Eltern denken und ihnen für mein Leben danken, das sie mir geschenkt haben.

Mit Sammys Gedicht und seinen Nach-Worten ist das Buch nun für mich abgerundet.

Dank

Seitdem mir Maja, Iko und Nemo ihre Interpretation eines Vor-Wortes nahegebracht und dieses auch verfasst haben, macht sich eine Ahnung in mir breit, dass das „Vor-Wort für mein Leben" hauptsächlich von all jenen Tieren stammt, die bisher zu mir gesprochen haben und die noch zu mir sprechen werden. Sie haben in meinem Leben mehrfach wunderbare und heilsame Wendungen eingeleitet, sie waren und sind die Lehrer, von denen ich besser als von Menschen Belehrung annehmen konnte. Denn ihre Art zu lehren ist so selbstlos, so klar, so direkt, so liebevoll. Daher gilt mein tief empfundener Dank all diesen Seelen in Tierkörpern, die – wie Engel – an meiner Seite standen und stehen, sichtbar und unsichtbar: Hund Max; Katze Chali; Kater Chalou; Katze Voltaire; Katze Maja; Kater Puschkin; Katze Lena; Katze Purzel; Hündin Lucina sowie Birdy und Ruby; zwei Kanarienvögel; all die (noch) nicht Sichtbaren und die, deren Namen ich nicht kenne; auch Wildtiere, die mir wertvolle Hinweise und Trost geschenkt haben.

Ich danke ebenfalls all den Tierseelen, die ihre Menschengefährten dazu gebracht haben, sich für die Tierkommunikation zu öffnen, und ihren Menschen danke ich dafür, dass sie die Impulse und Anregungen ihrer Tiergefährten angenommen und umgesetzt haben, also allen meinen Klientinnen und Klienten sowie Kursteilnehmerinnen und -teilnehmern. Durch jeden Kontakt habe ich lernen und wachsen dürfen.

Ich danke den Menschen und Tieren, die in diesem Buch zu Wort kommen, für die wundervollen und tiefgreifenden Erfahrungen mit ihnen und dafür, dass ich über diese Erfahrungen berichten darf: Sandra F. und ihrer Hündin Anouk; Ann-Marie und ihrer

Hündin Milla; Petra E. und ihren Wallachen Pascha und Felix; Birgit P. und ihren Hunden Fox und Shiva; Susanne G. und ihrer Hündin Luna; Elke B. und ihren Katzen Bärle, Pablo und Coco; Rudi & Angie W. und ihren Hunden Nemo, Roxy und Amma; Doris H. und ihren Katzen Birma und Nero; ich danke Ani, der Albino-Tigerpython, und Herrn B., dem damaligen Inhaber des Reptilienzoos.

Ich danke der Hündin Asta sowie den Rüden Samy und Congo dafür, dass sie mich zu den heilsamen Klängen geführt haben; Lucien Majrich für die Umsetzung mit seinem Klangschalenspiel sowie allen bei der Entstehung der CDs mitwirkenden Tiere und Menschen.

Ich danke Kater Sammy für sein mich immer wieder tief berührendes Gedicht, das dieses Buch abrundet, der Liedermacherin Jutta König, die sich von Sammys Poesie zu einer Vertonung inspirieren ließ, und Sammys Menschengefährtin Susanne für ihre Unterstützung.

Ich danke Iko, Nemo und Maja für das Vor-Wort.

Viele Menschen, die mir in Freundschaft nahe standen und stehen, haben mich durch ihr Zuhören und mit ihren Anregungen unterstützt:
Ute Morisch; Claudia Becker; Petra Maier; Nana Hartig; Sandra Tannenberg; Michelle Schepmann und andere.

Manche Therapeuten, die mich während der Schmerzjahre begleiteten und mir dabei halfen, mich mehr für meine Medialität zu öffnen, wurden zu Freundinnen, Freunden und wertvollen Wegbegleitern: Margarete Blum; Bernhard Kern; Michael Ernst und andere.

Ich danke allen Menschen, die mich mit ihrem Wohlwollen ein Stück weit auf meinem Lebensweg begleitet haben, auch wenn ich an dieser Stelle nicht alle mit Namen aufführen kann. Im direkten Zusammenhang mit diesem Buch möchte ich den nun aufgeführten Freundinnen und Freunden, Weggefährten, Helferinnen und Helfern von ganzem Herzen danken:

Hellmut Schlüter: Du, ehemals Journalist und Redakteur, hast die ersten fertigen Texte lesen und beurteilen dürfen. Du hast mich sehr motiviert und unterstützt, nicht nur bei der Arbeit für dieses Buch. Danke auch für deinen Segen von dort, wo du jetzt bist.

Birgit Eisele: Du hast mir sehr geholfen mit deinen Anregungen zu den ersten fertigen Teilen meines Skripts und deiner Hilfe bei der ersten Runde, einen Verlag zu finden.

Vanessa Schwan: Durch unsere erste Begegnung bei Taruno in Freiburg hast du mir – neben anderen Geschenken, wie deiner Freundschaft – auch eine wichtige Tür nach Lanzarote geöffnet. Und dein Wunsch, den Tieren „irgendwie" zu dienen, hat dich mir beim Abtippen von Tiergesprächsprotokollen helfen lassen, ehrenamtlich.

Renate Dimter: Du warst von den Erfahrungen mit den CDs „Heilsame Klänge für Tiere" so berührt und sagtest, dass es ein Buch darüber geben müsste. So erzählte ich dir von meinem Buchprojekt … und du hast es mir ermöglicht, mich zwei Monate lang fast ausschließlich dem Fertigschreiben dieses Buches zu widmen und auch ein Kapitel über die Entstehung und Wirkung der heilsamen Klänge für Tiere zu schreiben.

Jutta Lamparter: Das Kapitel „Heilsame Klänge für Tiere" wurde sehr bereichert durch die Rückmeldungen, die du von deinen Tieren telepathisch empfangen und mir zur Verfügung gestellt hast.

Ludger Hohn-Morisch: Die Einschätzung meines Schreibstils und der Inhalte sowie die Tipps von dir als Fachmann und als Freund waren für mich sehr wichtig.

Kathryn Tietz: Dir habe ich mein Skript nach Fertigstellung als eine der ersten zum Lesen anvertraut. Deine Meinung bedeutet mir viel, und ich konnte auf deine Gabe vertrauen, dass du deine Kommentare und deine Kritik so formulieren würdest, dass sie mich ausschließlich aufbauen und motivieren.

Sabine Schmidt: Du hast das Cover so stimmig schön und klar gestaltet. Es ist wie eine maßgeschneiderte, perfekt sitzende Robe für mich und den Buchinhalt.

Claudia Greve: Nun hat dieses Baby – mein Buch – eine lange und nährende Schwangerschaft erlebt. Doch ein Baby will irgendwann geboren und ein Buch will veröffentlicht werden. Und da schickte mir der Himmel eine Geburtshelferin: Sie, liebe Claudia Greve. Angeregt durch die weisen und oft verblüffenden Mitteilungen Ihres Hundegefährten Iko wurden Sie neugierig auf mein Skript. Mit Herzklopfen überließ ich es Ihnen. Ihre wertschätzende Rückmeldung – sie erreichte mich in der Weihnachtszeit 2013 – war für mich das schönste Weihnachtsgeschenk aller Zeiten. Dank Ihrer Hilfe ist dieses Buch jetzt „auf die Welt gekommen".

Ingrid Rose Fröhling

Erklärung von Begriffen, die im Text verwendet wurden

Heilsteine sind meist Halbedel- oder Edelsteine und haben bestimmte heilsame Eigenschaften. Sie können beruhigen oder anregen, fördern einen tiefen Schlaf oder das Lernen. Mein Bergkristall z. B. unterstützt mich bei der klaren telepathischen Wahrnehmung.

Meine geistigen Helfer sind u. a. **Erzengel** und **Krafttiere**.

Die **geistige Welt** ist für mich die Welt, die ich mit meinen physischen Augen nicht sehen kann. Dennoch spüre, ja weiß ich, dass es sie gibt, dass es Gott gibt, Engel und andere Helfer ... Mit meinem inneren Auge kann ich diese Helfer manchmal auch wahrnehmen, auf eine Art also „sehen".

Die ständige **Wiederholung des Lautes OM** ist für mich wie ein inneres Gebet, das mich stärkt und das die Situation um mich herum auf göttliche Weise beeinflusst. Ich bete das OM, wenn ich praktisch nichts machen kann, z. B. in Not oder bei Aggression – oder anderen schwer auszuhaltenden Situationen wie im Zoo bei der Fütterung der Schlangen.

Strömen nenne ich meine individuelle Form von Energieübertragung. Ich stelle mich dabei als Kanal für die göttliche Liebe, Kraft und Weisheit zur Verfügung. Diese Methode wurde mir von einem geistigen Helfer, einem Erzengel, gezeigt. Einzusetzen, wo ich nicht auf andere Weise aktiv helfen oder etwas verändern kann, oder in Situationen und für Menschen, die verstärkte Aufmerksamkeit oder auch Heilung benötigen.

Quellenangaben und Literaturhinweise

Hall, Judy: *Heilsteine, Kompakt & in Farbe,* Weltbild Verlag, 2005

Kenyon, Tom: *Die Weisheit der Hathoren,* Koha Verlag, 2001

Viloteau Nicole: *Ich, die Schlangenfrau – Mein aufregendes Leben mit Reptilien,* Lübbe Verlagsgruppe, 1993

Kinkade, Amelia: *Tierisch einfach,* Reichel Verlag, 2006

Braden, Gregg: *Im Einklang mit der göttlichen Matrix,* Koha Verlag, 2007

Braden, Gregg: *Verlorene Geheimnisse des Betens – Die verborgene Kraft von Schönheit, Segen, Weisheit und Schmerz,* Echnaton Verlag, 2009

Pradervand, Pierre: *Segnen heilt – Wie dein Segen die Welt verändert und dich selbst,* Reichel Verlag, 2010

Kuny, Radana: *„Die Shanti-Methode" oder „Sprechen Sie Hundisch",* Spirit Rainbow Verlag, 2012

Kaplan, Helmut F.: *Leichenschmaus – Ethische Gründe für eine vegetarische Ernährung,* Books on Demand

Fröhling, Ingrid Rose und Majrich, Lucien: *Heilsame Klänge für Tiere (Mutterton- und Rudeltonkomposition),* Audio-CD, Reichel Verlag, 2011

Fröhling, Ingrid Rose und Majrich, Lucien: *Heilsame Klänge für Tiere II – Vollendung, Loslassen, Neubeginn,* Audio-CD, Reichel Verlag, 2013

Über die Autorin

Ingrid Rose Fröhling wurde 1953 in einer Kleinstadt im Schwarzwald geboren. Seit einigen Jahren lebt sie in Meersburg am Bodensee, begleitet von ihrer Hündin Lucina. Bereits von ihr erschienen sind:
- *Vitalität und Gesundheit durch Licht,* Ingrid Fröhling/Bengt Jacoby, FALKEN Verlag 1998
- *Vorbeugen und Heilen mit Farbtherapie,* Bengt Jacoby/Ingrid Fröhling, FALKEN Verlag 1997
- Kurzgeschichten und Sachbeiträge (teils unter Pseudonymen) in Zeitschriften, Zeitungen und Antologien, sowie Textbeiträge in Schullese- und Jugendbüchern der Verlage Velber, Grünewald, Buchner, Lumen u.a.

Bislang einzigartig sind die folgenden Klangkompositionen von Tieren, bei denen Ingrid Rose Fröhling als telepathische Übersetzerin wirkte:
- CD *„Heilsame Klänge für Tiere",* Ingrid Rose Fröhling und Lucien Majrich, Reichel Verlag 2011
- CD *„Heilsame Klänge für Tiere II – Vollenden, Loslassen, Neubeginn",* Ingrid Rose Fröhling und Lucien Majrich, Reichel Verlag 2013

Auf ihrer Homepage sind Details über ihre Arbeit als Tierkommunikatorin sowie über ihr Seminar- und Ausbildungsangebot mit den aktuellen Terminen zu finden: *www.lioness-tierkommunikation.de*
eMail: froehling@lioness-tierkommunikation.de

Kontaktdaten

Jutta Lamparter. *www.jutta-lamparter.de*
Renate Dimter. *www.hundeschule-bonita.de*

Printed in Germany
by Amazon Distribution
GmbH, Leipzig